LOUIS
VUITTON

ADMINISTRAÇÃO REGIONAL DO SENAC NO ESTADO DE SÃO PAULO

Presidente do Conselho Regional: Abram Szajman
Diretor do Departamento Regional: Luiz Francisco de A. Salgado
Superintendente Universitário e de Desenvolvimento: Luiz Carlos Dourado

EDITORA SENAC SÃO PAULO

Conselho Editorial: Luiz Francisco de A. Salgado
Luiz Carlos Dourado
Darcio Sayad Maia
Lucila Mara Sbrana Sciotti
Luís Américo Tousi Botelho

Gerente/Publisher: Luís Américo Tousi Botelho
Coordenação Editorial: Verônica Pirani de Oliveira
Prospecção: Andreza Fernandes dos Passos de Paula,
Dolores Crisci Manzano, Paloma Marques Santos
Administrativo: Marina P. Alves
Comercial: Aldair Novais Pereira
Comunicação e Eventos: Tania Mayumi Doyama Natal

Edição de Texto: Janaina Lira
Tradução: Brune Carvalho
Preparação de Texto: Ana Lúcia Mendes
Coordenação de Revisão de Texto: Marcelo Nardeli
Revisão de Texto: Fernanda Corrêa
Coordenação de Arte: Antonio Carlos De Angelis
Editoração Eletrônica: Tiago Filu, Sandra Regina Santana

Impresso na China

Título original: *Little book of Louis Vuitton*
Design e layout: © Welbeck Non-fiction Limited, 2021
Texto: © Karen Homer, 2021

Dados Internacionais de Catalogação na Publicação (CIP)
(Simone M. P. Vieira – CRB 8ª/4771)

Homer, Karen
Louis Vuitton / Karen Homer; tradução de Brune Carvalho. – São Paulo : Editora Senac São Paulo, 2024.

Título original: Little book of Louis Vuitton: the story of the iconic fashion house
Bibliografia.
ISBN 978-85-396-4638-8 (Impresso/2024)

1. Louis Vuitton (Empresa)   2. Moda   3. História da Moda – Bolsas e acessórios   4. Moda - Vestuário   I. Título.   II. Tradução

24-2122s

CDD – 391.009
BISAC CRA009000
DES005000

Índice para catálogo sistemático:
1. Moda – História   391.009

Todos os direitos reservados à:
Editora Senac São Paulo
Av. Engenheiro Eusébio Stevaux, 823 – Prédio Editora
Jurubatuba – CEP 04696-000 – São Paulo – SP
Tel. (11) 2187-4450
editora@sp.senac.br
https://www.editorasenacsp.com.br

Edição brasileira: © Editora Senac São Paulo, 2024

Este é um livro de não ficção e de referência. Todos os nomes, empresas, marcas registradas, marcas de serviço, nomes comerciais e locais são citados apenas para fins de identificação, revisão editorial e orientação. Esta obra não foi patrocinada, apoiada ou endossada por qualquer pessoa ou entidade.

LOUIS VUITTON

KAREN HOMER

TRADUÇÃO: BRUNE CARVALHO

SUMÁRIO

NOTA DO EDITOR....................... 5

INTRODUÇÃO 7

ANOS INICIAIS 11

ASSUNTO DE FAMÍLIA 23

A SEGUNDA GUERRA MUNDIAL

  E ALÉM 43

EXPANSÃO GLOBAL...................53

MARC JACOBS 67

HERANÇA REVIVIDA.................107

PEÇAS EXCLUSIVAS..................135

NOTAS..................................156

ÍNDICE..................................157

CRÉDITOS..............................160

NOTA DO EDITOR

Fundada em 1854, a Louis Vuitton se destaca como um ícone do mercado de luxo global. Iniciada como uma empresa de malas artesanais, rapidamente ganhou fama tanto pela sofisticação quanto pela novidade de seus produtos. Ao longo dos anos, a companhia expandiu seu portfólio para incluir bolsas, roupas, joias e acessórios variados, mantendo sempre o compromisso com o *savoir-faire* de qualidade e a inovação.

A história da Louis Vuitton é, assim, marcada pela combinação de tradição e modernidade. Tendo começado como um negócio de família, ao longo de mais de um século a marca passou por eventos históricos significativos e se adaptou às mudanças culturais e tecnológicas, mantendo-se relevante e desejada.

Hoje integrante do poderoso conglomerado LVMH, redefine constantemente o conceito de luxo contemporâneo sob lideranças criativas como as de Marc Jacobs, Nicolas Ghesquière, Virgil Abloh e Pharrell Williams. As parcerias visionárias com artistas e os designs ousados das peças comprovam sua capacidade de se reinventar sem deixar de honrar suas raízes.

Com esta publicação, uma leitura imperdível para estudantes, profissionais e entusiastas da moda, o Senac São Paulo celebra o legado e a inventividade da Louis Vuitton, proporcionando aos leitores uma imersão no mundo da alta moda.

INTRODUÇÃO

"A Louis Vuitton é a mais visível, a mais vistosa, de certa forma. Algumas pessoas acham terrível, outras adoram, outras simplesmente têm fascínio por ela."
– Nicholas Ghesquière[1]

Quando Louis Vuitton, um pobre garoto interiorano de Jura, na França, abriu sua primeira oficina em 1854 – um serviço de confecção de malas e baús sob medida –, ele nem sonhava que um dia seu nome de família seria associado ao ápice do luxo. Da mesma forma, quando seu filho, Georges Vuitton, frustrado com a concorrência que copiava os baús da empresa, desenhou um padrão que chamou de "Monogram", não fazia ideia de que um dia essa seria uma das estampas mais icônicas do mundo.

Desde esses anos iniciais, primeiro como um negócio de família e depois como a joia da coroa do conglomerado de produtos de luxo LVMH, a Louis Vuitton tem atendido aos mais altos escalões da sociedade, da realeza a atrizes e celebridades. Suas malas não são apenas as mais reconhecidas, mas também, com frequência, as mais inovadoras. Nos primórdios, a marca criou baús que revelavam guarda-roupas de viagem, conjuntos que transportavam produtos de higiene pessoal essenciais ou equipamentos para fazer bebidas, e até mesmo uma cama portátil.

AO LADO Jackie Onassis fotografada no aeroporto em Washington, em 1980, como sempre carregando sua amada e muito usada bolsa Keepall da Louis Vuitton.

E, com a invenção em 1980 do famoso fecho inviolável, que nem mesmo Harry Houdini ousaria desafiar, as malas da Louis Vuitton também se tornaram à prova de ladrões.

A força da Louis Vuitton sempre esteve na capacidade de acompanhar as épocas e capitalizar as tendências em constante transformação. Nas décadas de 1920 e 1930, quando as viagens tranquilas de trem e de transatlântico deram lugar à moda de viajar de carro para passar o fim de semana no sul da França, as pilhas de baús pesados foram substituídas por uma bolsa espaçosa e maleável, apropriadamente chamada "Keepall" ["guarda tudo"]. E, na década de 1950, um avanço no design de tecidos, que adicionou PVC ao seu canvas, marca registrada, significou que as bolsas da Louis Vuitton não tinham apenas estilo, mas também eram práticas. Usadas por celebridades, incluindo Brigitte Bardot e Audrey Hepburn, as bolsas se tornaram cada vez mais desejadas, estabelecendo um precedente para os símbolos de status que viriam a se transformar mais tarde.

Em 1997, uma nova era teve início quando a Louis Vuitton entrou no mundo da alta moda com a contratação do estilista Marc Jacobs. A bolsa Monogram não era mais apenas um clássico atemporal, era uma declaração de moda – e, com ela, veio um guarda-roupa combinando a elegância e o legado da Louis Vuitton com um estilo inovador. Ao longo dos 16 anos da permanência de Marc Jacobs e durante o reinado do estilista de roupas masculinas Virgil Abloh e do atual diretor artístico Nicolas Ghesquière, a Louis Vuitton continua a se reinventar – mais recentemente como uma marca contemporânea e urbana. Ela é tão sedutora para celebridades quanto para sua velha guarda fiel de clientes e permanece entre as principais marcas de luxo do mundo.

AO LADO Uma nova geração de fãs da Louis Vuitton: Jaden Smith e Willow Smith na primeira fila do desfile da Louis Vuitton de outono/inverno 2019/20.

ORIGENS HUMILDES

Louis Vuitton nasceu em 4 de agosto de 1821 em Anchay, um vilarejo na região montanhosa de Jura, na França, em uma família de cinco gerações de marceneiros, carpinteiros, moleiros e fazendeiros. A vida que levavam era difícil, e a família valorizava qualidades como autossuficiência e perseverança, o que viria a beneficiar o jovem Louis nos anos seguintes.

Em 1835, com apenas 13 anos de idade, ele partiu para tentar a sorte em Paris. Como era comum na França do século XIX, suas viagens levaram anos, pois ele adotou a tradição do trabalhador autônomo. Tornou-se aprendiz de vários artesãos ao longo do caminho, finalmente chegou a Paris em 1837 e viveu sob a proteção do fabricante de baús e embalador Monsieur Maréchal. Provando rapidamente o próprio valor para seu empregador, permaneceu com Maréchal pelos 17 anos seguintes, aprendendo habilidades consagradas pelo tempo que seriam inestimáveis em sua posterior carreira como fabricante de baús. Na oficina de Maréchal na rua Saint-Honoré, Louis não estava longe das lojas de luxo e bulevares parisienses, que o seduziam com suas vitrines de moda e clientela sofisticada.

A ocupação de fabricante de caixas (*layetier*) e embalador (*emballeur*) era importante – especialmente para a corte francesa, que viajava regularmente de Paris a Fontainebleau, assim como em itinerários mais longos pelo país. Em 1853, a jovem e

AO LADO Um retrato de Louis Vuitton (1821-92), que fundou a empresa em 1854.

ACIMA Uma pintura de Giuseppe Canella em 1832 da Île de la Cité e do Mercado das Flores em Paris, poucos anos antes de Louis Vuitton chegar e acumular sua fortuna.

glamourosa imperatriz Eugênia, esposa espanhola de Napoleão III (sobrinho de Napoleão Bonaparte), ficou impressionada com o jovem Louis Vuitton. Ele se tornou seu embalador pessoal, responsável por seus vestidos elaborados e crinolinas. Esse mecenato selou seu destino como artesão de alta qualidade e estabeleceu um precedente para os aristocratas que passariam a admirar as malas da Louis Vuitton.

Em 22 de abril de 1854, Louis Vuitton se casou com Clémence-Émilie Parriaux, de 17 anos de idade, filha de um proprietário de moinho. No mesmo ano, fundou seu próprio ateliê, especializado em embalar itens frágeis e de alta moda, na rua Neuve-des-Capucines, 4, perto da praça Vendôme. Com o apoio da realeza, sua reputação cresceu rapidamente, e a habilidade de Vuitton em criar baús leves de madeira de álamo, mais elegantes

ACIMA Imperatriz Eugênia, representada aqui cercada por suas damas de companhia em 1855, gostou muito de Louis Vuitton e empregou-o como seu embalador pessoal. Seu mecenato selou o futuro de Vuitton como fabricante de baús para os mais altos membros da sociedade.

que a bagagem tradicional, pesada e coberta de pele de porco, conquistou clientes fiéis.

Procurando sempre inovações que criassem baús práticos e esteticamente agradáveis, ele experimentou com um canvas tratado em um tom cinza-claro que ficou conhecido como "Trianon". Em 1858, desenvolveu ainda mais esse design, substituindo a tampa abaulada, até então comum – projetada para permitir que a água escorresse dos baús revestidos de couro –, por uma tampa plana. Graças ao tratamento à base de cola feito no canvas Trianon, o baú era totalmente à prova d'água e, combinado com seu acabamento em ferro laqueado, era mais elegante e mais bem projetado do que seus antecessores. Ele era resistente, porém leve, e os baús eram empilhados ordenadamente uns sobre os outros para viagens eficientes.

ANOS INICIAIS 15

O novo estilo de baú com tampa plana foi um enorme sucesso, a ponto de os concorrentes não demorarem a copiar seu design. Em resposta, Vuitton adicionou ripas de madeira de faia pregadas para reforçar o baú e, ao fazer isso, criou um visual icônico. A demanda cresceu com tanta rapidez que, em 1859, Louis Vuitton mudou sua oficina e a casa de sua família para Asnières, nos arredores de Paris, continuando a abastecer sua loja na cidade. Ele se concentrou na criação de baús para todas as necessidades, estimulado pela explosão de viagens de trem e barco em meados do século XIX, o que anunciou uma nova e moderna era de bagagens de viagem. Em 1867, Vuitton foi homenageado com uma medalha de bronze por seus designs na Exposição Universal de Paris. O lendário estilista inglês Charles Worth montou seu ateliê de alta-costura perto da loja de malas de Vuitton, e mulheres ligadas à moda compravam baús feitos sob medida para acomodar cuidadosamente os vestidos de Worth, confeccionados com resmas de belos tecidos.

À ESQUERDA
A comuna de Asnières nos arredores de Paris, para onde Louis Vuitton mudou sua casa e sua oficina em 1859.

AO LADO, ACIMA
Projetado em 1850, este baú icônico era reforçado com ripas de madeira de faia. A tampa plana substituiu o estilo abobadado comum para que os baús pudessem ser empilhados de maneira eficaz, e a caixa era coberta com uma lona impermeável tratada com cola.

AO LADO, ABAIXO
Uma etiqueta de bagagem dos anos 1860 que anunciava os serviços de Louis Vuitton como embalador.

NO VERSO
Uma imagem da Exposição Universal de Paris em 1867, na qual Louis Vuitton foi homenageado com uma medalha de bronze por seus designs.

16 ANOS INICIAIS

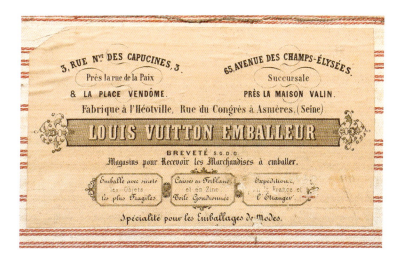

O sucesso de Louis Vuitton veio, em grande parte, graças ao mecenato da aristocracia e da alta sociedade do Segundo Império de Napoleão III. Em 1869, Louis Vuitton fornecia baús e outros tipos de malas especialmente projetadas para muitos chefes de Estado, incluindo Isma'il Pasha, quediva do Egito. Isma'il Pasha foi fundamental para a conclusão do Canal de Suez, a passagem marítima transformadora que permitiu aos ricos e influentes que viajassem facilmente entre a Europa e a Ásia, com seus pertences protegidos, na maior parte das vezes, por Louis Vuitton.

O negócio prosperou até julho de 1870, quando a Guerra Franco-Prussiana, a queda de Napoleão III e o fim do Segundo Império mudaram tudo. Um governo socialista proclamou o advento da Terceira República, e Napoleão III foi exilado na Inglaterra. As forças prussianas cercaram Paris por quatro meses, ao longo de um inverno brutal com muita escassez de alimentos e ataques. Henry-Louis Vuitton, bisneto de Louis Vuitton, descreveu como seu bisavô organizou imediatamente os suprimentos

ABAIXO A abertura do Canal de Suez em 1869, que permitiu aos viajantes ricos a fácil passagem marítima entre a Europa e a Ásia. Isma'il Pasha, quediva do Egito, que foi uma figura fundamental para a conclusão do canal, era patrono de Louis Vuitton.

20 ANOS INICIAIS

ACIMA Fotografia do fim de 1880, exibindo os empregados de Louis Vuitton na frente de um caminhão de entregas fora da fábrica de Asnières. O neto de Louis, Gaston-Louis, na foto ainda criança deitado em um baú-cama, viria a se tornar uma grande influência para a empresa.

de alimentos racionados em seu distrito e ofereceu seu estoque de lona para fabricar balões, pois as mensagens aéreas eram o único meio pelo qual a capital sitiada poderia se comunicar com o resto do país.

Após a rendição de Paris em janeiro de 1871, Louis Vuitton retornou a Asnières e encontrou seu ateliê e sua casa devastados. Seu estoque de madeira de álamo para a fabricação de baús havia sido queimado como combustível pelos soldados e suas ferramentas foram roubadas. Determinado a não ser derrotado, Vuitton reconstruiu e expandiu os ateliês, encontrando um novo local em Paris na rua Scribe, 1, no distrito da Ópera. Foi uma localização inspirada: perto de estações ferroviárias, da casa de ópera e, mais importante, do opulento Grand Hôtel. Concluído em 1862 e sendo o maior e mais luxuoso hotel da Europa, o Grand Hôtel oferecia um novo mercado por meio dos viajantes de elite que ali se hospedavam. A Maison Louis Vuitton na rua Scribe prosperou, permanecendo como endereço da empresa em Paris até 1914.

ASSUNTO DE FAMÍLIA

UMA NOVA GERAÇÃO

Louis Vuitton transmitiu sua paixão por criar belas malas para seu filho Georges, e depois seu neto Gaston-Louis assumiu o comando dos negócios da família. Os dois homens eram artesãos extremamente talentosos e ajudaram a moldar a empresa para vir a ser a marca de luxo que é hoje.

GEORGES VUITTON: PADRÕES DE MARCA REGISTRADA PARA UMA ERA DE VIAGEM MODERNA

Depois de lutar pela reconstrução de sua empresa após a Guerra Franco-Prussiana, Louis Vuitton estava determinado com a ideia de que seu filho, Georges, daria continuidade aos negócios da família. Nascido em 1857, Georges Vuitton era um artesão nato, passando horas, quando criança, nas oficinas de Asnières. Já nessa época, ele tinha muitas ideias inovadoras e, depois de dois anos em um internato britânico estudando e aprendendo inglês, Georges ficou encarregado da loja da rua Scribe. Seu casamento com Joséphine Patrelle, filha de um rico empresário, permitiu que Georges comprasse a loja principal de seu pai, que se retirou para Asnières a fim de se concentrar em novos designs, deixando o trabalho de vendedor para o filho.

AO LADO O filho de Louis Vuitton, Georges, com sua esposa Joséphine Patrelle, fotografados em torno de 1900 com seus filhos, Gaston-Louis e os gêmeos Pierre e Jean.

ASSUNTO DE FAMÍLIA 25

À DIREITA Bond Street, em Londres, para onde Louis Vuitton mudou sua loja em 1900, encontrando finalmente um local na cidade em que os negócios puderam prosperar.

AO LADO Capa de um catálogo inglês de 1901 anunciando a Louis Vuitton e a nova loja de Londres.

Georges estabeleceu metas voltadas à expansão da empresa, pronto a convencer o mundo de que os baús franceses projetados pela Maison Louis Vuitton deveriam ser tão valorizados quanto as malas tradicionais da Inglaterra. Em 1885, ele abriu uma loja na Oxford Street, em Londres, mas levou cinco anos até Georges de fato conquistar a cidade. Inicialmente, seu orgulho exuberante da herança francesa – utilizando a bandeira tricolor de seu país nas placas da loja e vestindo os manequins das vitrines com uniformes franceses – não foi bem aceito. Ele também escolheu mal as localizações da loja, primeiro na Oxford Street e depois na Strand, que, ironicamente, ficava a poucos passos da Coluna de Nelson, monumento que celebra a vitória britânica sobre os franceses. No entanto, em 1900, a Louis Vuitton enfim se mudou para instalações mais adequadas na New Bond Street, n. 149, de modo que a empresa começou a prosperar. O estilo dos baús da Louis Vuitton, inevitavelmente copiado por outros fabricantes, ficou conhecido de modo informal como "baús franceses".

I. RUE SCRIBE.
PARIS.

Louis Vuitton

149. NEW BOND ST.
OPPOSITE CONDUIT ST
LONDON, W.

TELEGRAPHIC ADDRESS,
"VUITTON, LONDON"
TELEPHONE No 2587, GERARD.

L.V. London

L.V. London

+ Travelling Requisites +

Ao longo das últimas décadas do século XIX, Georges Vuitton também foi responsável por criar os designs mais icônicos da Louis Vuitton. O problema persistente das cópias falsificadas do padrão Trianon cinza, marca registrada, e do canvas listrado Rayée precisava ser resolvido, e de fato foi, com Georges criando um padrão xadrez nas cores marrom e bege com a marca registrada da Louis Vuitton gravada no design. O canvas Damier resultante foi apresentado na Exposição Universal em 1889 e é ainda hoje um dos padrões mais reconhecíveis da Louis Vuitton.

Em 1896, quatro anos após a morte de Louis Vuitton, ainda lutando contra as falsificações, Georges criou o canvas Monogram. O design combina o LV da Louis Vuitton, um diamante com uma flor de quatro pétalas no centro, uma flor de cor sólida e um círculo contendo uma flor com quatro pétalas arredondadas. Georges tomou como base uma ampla gama de influências estéticas históricas, do gótico à arte japonesa, e o tom gráfico, porém romântico, da estampa Monogram é ainda hoje visualmente atraente. Apesar da resistência inicial dos clientes, que preferiam a Damier xadrez original, ela se tornou a mais icônica das estampas exclusivas da Louis Vuitton.

ABAIXO Em 1896, Georges Vuitton criou uma segunda estampa icônica: o canvas Monogram, exibido aqui em um baú Malle Idéale de 1911.

AO LADO Uma seleção inicial dos baús da Louis Vuitton com o canvas Damier xadrez da década de 1890. A loja de Londres anunciada é a 454 The Strand, que Vuitton desocupou mais tarde em mudança para a Bond Street, em 1900.

28 ASSUNTO DE FAMÍLIA

O FECHO INVIOLÁVEL

O design inovador sempre foi o cerne do sucesso das malas Louis Vuitton, mas foi a invenção do praticamente impenetrável fecho Tumbler que revolucionou o mundo das bagagens. Um serralheiro sempre habilidoso, Louis Vuitton experimentou diferentes mecanismos de fechadura desde que começou a fabricação de baús, primeiro usando fivelas de mola e depois as substituindo por fechaduras que ficaram conhecidas como "Tumbler", cada uma delas registrada com o próprio número de série. Em 1890, Georges e Louis patentearam o fecho Tumbler e forneceram a cada fechadura uma chave única e numerada. Dessa forma, um conjunto de bagagens pertencentes a uma pessoa poderia ser aberto somente pelo proprietário e novos baús poderiam ser encomendados para serem abertos com a mesma chave. Viajantes abastados, que se deslocavam regularmente carregando documentos importantes, dinheiro e joias trancados em seus baús, aglomeravam-se para comprar os novos modelos à prova de ladrões, e as peças essenciais do mecanismo do fecho são ainda utilizadas hoje em dia.

AO LADO Anúncio da bagagem da Louis Vuitton que apareceu na capa interna do livro de Paul Derval sobre o Folies-Bergère, publicado em 1955.

À DIREITA Em 1890, Louis e Georges Vuitton patentearam a própria invenção, o praticamente impenetrável fecho Tumbler. Cada fechadura e chave carrega um número de série exclusivo do dono. Até mesmo o mestre escapologista Houdini não conseguiu quebrá-lo.

ACIMA A paixão das classes altas pela luxuosa viagem de transatlântico, representada aqui em um convés em 1907, significou um aumento na demanda pela bagagem da Louis Vuitton.

Os fechos eram tão bem-vistos que, segundo os rumores, quando os Vuitton desafiaram Harry Houdini a se libertar de um baú, o mestre em escapologia recusou.

No início do século XX, houve um *boom* nas travessias marítimas transatlânticas em navios de luxo, para as quais os viajantes ricos precisavam de várias bagagens a fim de transportar seus numerosos pertences em segurança. A empresa teve muito sucesso com designs incluindo o Idéale, um baú empilhável que abrigava uma coleção cápsula de ternos, camisas, sapatos, chapéus e bengalas para homens bem-vestidos. E, para resolver a questão do espaço a bordo, a bolsa Steamer, grande e desestruturada, que podia ser esvaziada e guardada dobrada em um guarda-roupa, foi criada em 1901. Ela é amplamente considerada a precursora das bolsas flexíveis da Louis Vuitton.

As travessias marítimas e as viagens de trem a vapor continuaram populares. Contudo, novos meios de transporte estavam

ACIMA Nesta imagem de 1909, os passageiros que estão esperando para embarcar em um navio na cidade de Nova York têm seus baús da Louis Vuitton submetidos a rigorosos controles alfandegários.

evoluindo e alterariam o tipo de bagagem necessário para os viajantes. Primeiro, veio o automóvel, cuja popularidade antes da virada do século XX foi prevista por Georges. O baú de automóvel, lançado em 1897, tinha inspiração em um baú de zinco que Louis Vuitton criou para viagens exóticas. Resistente e à prova d'água, ele podia ser fixado com segurança na traseira do veículo (antes de se tornar comum um carro ter um porta-malas embutido) e era ideal para estradas de terra esburacadas, em um automóvel com pouca proteção contra o clima. Os baús de teto foram projetados de maneira semelhante para criar mais espaço de armazenamento em um veículo semiaberto. Essa bagagem se provou imensamente popular, pois a nova tendência de passar férias em locais como a Côte d'Azur significava que os automóveis precisavam estar repletos de roupas e acessórios glamourosos. De fato, Georges Vuitton decidiu abrir sua terceira loja na Côte d'Azur em 1908.

ASSUNTO DE FAMÍLIA 33

Como muitas pessoas da mesma geração que pensavam à frente de seu tempo, Georges adorava os automóveis, tanto que até se aventurou a projetá-los. Com a ajuda de seus jovens filhos gêmeos, Jean e Pierre, a família desenhou um veículo pequeno e leve conhecido como "voiturette". Ele foi mobiliado com muitos dos itens da linha de automóveis da Louis Vuitton, incluindo um baú de peças sobressalentes, um lavatório móvel e conjuntos de almoço. Mas talvez o projeto móvel mais ambicioso de Georges tenha sido um tipo de van de acampamento criada em parceria com a empresa de construção de ônibus Kellner em 1908, que vinha completa com um lavatório, área de dormir no teto, bar aberto e, é claro, amplo espaço de armazenamento.

O outro meio de transporte novo que inspirou grande admiração geral foi a viagem aérea, primeiro com balão de ar quente e, finalmente, de avião. Animado com essa incrível proeza

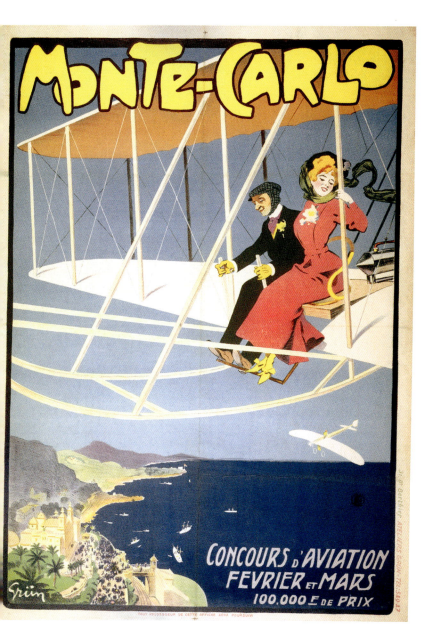

ACIMA Estas duas malas compactas com os selos de bagagem da Louis Vuitton eram típicas da bagagem que Georges Vuitton projetava para viagens aéreas.

– poder voar como um pássaro –, Georges começou a criar bagagens projetadas para voos mesmo antes de a viagem aérea se tornar comum. O baú "Aéro", leve como uma pluma, foi projetado em 1910 para ser fixado em ambos os lados da cesta de um balão de ar quente e provou sua adaptabilidade em todas as aeronaves. Os gêmeos de Georges, crianças precoces, aprenderam a criar desde projetos de automóveis a uma forma inicial de helicóptero, bastante promissora. No entanto, suas carreiras aeronáuticas foram tragicamente interrompidas quando

ABAIXO Georges Vuitton e seu filho Gaston-Louis eram apaixonados por aventuras aeronáuticas e testemunharam o histórico voo transatlântico de Charles Lindbergh em 1927.

Jean Vuitton faleceu depois de uma doença em 1909, com apenas 10 anos de idade. Seu gêmeo, Pierre, continuou com as experimentações, mas foi enviado para combater na Primeira Guerra Mundial em 1914 e morreu em setembro de 1917. Apesar de suas trágicas perdas, a obsessão de Georges pelas viagens aéreas, compartilhada com seu filho mais velho, Gaston-Louis, prosseguiu e teve seu ápice quando ambos testemunharam Charles Lindbergh pousar em Paris após seu histórico voo de 3.600 milhas partindo de Nova York, em maio de 1927. Mais tarde, Lindberg visitou a loja Louis Vuitton para comprar vários baús.

ASSUNTO DE FAMÍLIA 37

GASTON-LOUIS VUITTON: DESIGN DE LUXO MODERNO

Nascido em janeiro de 1883 em Asnières, Gaston-Louis Vuitton foi o único filho de Georges Vuitton que sobreviveu depois da morte de seus irmãos gêmeos em 1909 e 1917. Ele sofreu de doenças na infância e, como resultado, era uma criança estudiosa que gostava de ler, escrever e desenhar. Ele se tornou um adulto culto, esteta e colecionador de belos objetos, além de nutrir um enorme interesse por todos os aspectos do design. Como seu pai antes dele, era esperado que ele herdasse os negócios da família. Em 1897, iniciou um aprendizado nas oficinas de Asnières antes de se mudar para a loja da rua Scribe, dois anos depois. Ele demonstrava talento para vendas e continuou trabalhando na loja por oito anos. Depois de se casar com sua namorada de infância, Renée Versillé, em 1906, Gaston-Louis foi promovido por seu pai à gerência da empresa, criando uma parceria que alterou o nome comercial da empresa para Vuitton et Fils.

Em 1914, Georges transferiu a loja principal de Paris para instalações maiores na avenida Champs-Élysées, 70, e Gaston-Louis assumiu o comando. O prédio de sete andares, projetado pelos arquitetos Bigaux e Koller, do Ritz, em estilo art déco, era a maior loja de artigos de viagem do mundo, e suas amplas vitrines se tornaram mostruário para as exibições inspiradas de Gaston-Louis. Toda semana, as vitrines eram alteradas, e Gaston-Louis desenhava esboços detalhados de como elas deveriam ficar. Sua paixão pela criação de vitrines exclusivas e atraentes nunca diminuiu e, em 1927, ele as descreveu como "uma preparação agradável que envolve as artes da arquitetura e da direção de palco".[1] Sem medo de experimentar e entreter, Gaston-Louis viu suas vitrines se tornarem lendárias – como uma do início da década de 1930, na qual apareciam duas tartarugas gigantes vivas, para o deleite dos transeuntes.

ABAIXO
A impressionante *flagship store* da Louis Vuitton em estilo art déco, com sete andares, no número 70 da Champs-Élysées (fotografada aqui em 2018), projetada pelos arquitetos Bigaux e Koller e inaugurada em 1914.

Ao longo da Primeira Guerra Mundial, como diversos outros fabricantes de artigos de luxo, a Maison Louis Vuitton encontrava dificuldades para obter matérias-primas. O que restava na fábrica de Asnières era utilizado para fazer macas dobráveis e baús militares resistentes, em vez das bagagens de luxo habituais. Após o fim da guerra, a fábrica voltou a crescer gradualmente com sua produção e, à medida que os Estados Unidos foram se tornando uma superpotência global, Georges e Gaston-Louis voltaram os olhares para o Novo Mundo. Tratava-se da era de ouro das viagens oceânicas, com navios colossais que ofereciam aos que se deslocavam entre os dois continentes o máximo de conforto e luxo. Louis Vuitton já havia aberto duas lojas de departamento nos Estados Unidos em 1905, em Chicago e São Francisco, seguidas por lojas em Washington, em 1907, e Nova York, em 1912.

ASSUNTO DE FAMÍLIA 39

40 ASSUNTO DE FAMÍLIA

AO LADO, ACIMA
Obcecado pela
estética art déco,
Gaston-Louis
colaborou com outros
nomes notáveis para
criar peças fabulosas,
como esta maleta de
viagem feminina com
delicadas garrafas de
vidro lapidado feitas
por René Lalique e
talheres de prata de
Jean Puiforcat.

AO LADO,
ABAIXO Todas as
eventualidades foram
abarcadas pela Louis
Vuitton, incluindo
este conjunto de
piquenique da década
de 1930, acomodado
em um elegante
estojo.

Nas duas décadas seguintes, com o surgimento de um novo jet set transatlântico de luxo, a marca prosperou, abrindo lojas em várias outras cidades dos Estados Unidos antes da quebra de Wall Street em 1929 e da subsequente depressão econômica.

A paixão de Gaston-Louis pelas artes e pela arquitetura influenciou muito o estilo da marca Louis Vuitton. Quando criança, ele colecionava bagagens antigas, ferramentas, placas de lojas e etiquetas de bagagens de hotéis. Em uma palestra de 1920, ele explicou que essas etiquetas, que eram rotineiramente dadas pelos hoteleiros a seus hóspedes para enfeitar as malas, eram, na verdade, como minianúncios para incentivar os viajantes a voltar a um destino favorito ou encorajar outros a visitá-lo pela primeira vez. Essa compreensão inata de como os clientes estabeleciam um vínculo emocional com suas viagens, e com os baús que as registravam, permitiu que Gaston-Louis construísse de maneira bem-sucedida a fidelidade à marca Louis Vuitton nas décadas seguintes.

Sua paixão pelo art déco também fez que Gaston-Louis colaborasse com diversos nomes artísticos notáveis do período. As malas de viagem das senhoras apresentavam delicados frascos de vidro lapidado feitos por René Lalique e talheres de prata de Jean Puiforcat. Seu amor pelo movimento de design o levou até mesmo a experimentar para além dos artigos de viagem, projetando objetos do cotidiano, desde móveis até uma linha de enorme sucesso de nécessaires de toucador, como os franceses as chamavam, com frascos de perfume, conjuntos de manicure e uma seleção de escovas que eram incluídas nos conjuntos de viagem da Louis Vuitton. Tudo era belamente projetado, e até mesmo os pincéis com suporte de marfim eram esculpidos em um estilo geométrico art déco. Inevitavelmente, ele viu uma oportunidade de encher seus lindos frascos de cristal e, em 1927, lançou o primeiro perfume da Maison Louis Vuitton: Heures d'Absence, criado para evocar a magia da viagem e da aventura.

ASSUNTO DE FAMÍLIA 41

A SEGUNDA GUERRA MUNDIAL E ALÉM

OCUPAÇÃO, LIBERAÇÃO E UMA NOVA LIBERDADE

A Segunda Guerra Mundial foi um momento desafiador tanto para a empresa Louis Vuitton quanto para a própria família. A invasão da França e a subsequente ocupação de Paris em junho de 1940 ameaçou diversos negócios, e sobreviver se tornou uma decisão muito pessoal. Muito foi discutido sobre a divisão da família Vuitton durante os anos da guerra.

De acordo com a autora Stéphanie Bonvicini, Gaston-Louis e seu filho Henry-Louis foram seduzidos por Philippe Pétain, o primeiro-ministro francês fantoche dos nazistas, que lhes prometeu que colaborar com os alemães era a única maneira de salvar a França. Os outros dois filhos de Gaston-Louis, os gêmeos Claude-Louis e Jacques-Louis, perceberam a farsa e se opuseram ao regime de Vichy, juntando-se à resistência e lutando pelo exilado Charles de Gaulle. Embora a empresa tivesse permissão para operar durante os anos de guerra, a oficina de Asnières não podia mais abastecer Paris com facilidade, e os negócios no exterior tornaram-se impraticáveis.

Depois da libertação de Paris em 25 de agosto de 1944, era hora de reconstruir tanto as relações familiares quanto os próprios negócios. Gaston-Louis deu a cada um de seus filhos uma função: Henry-Louis ficou como encarregado das vendas em Paris, Claude-Louis como supervisor da oficina de Asnières e Jacques-Louis como diretor administrativo e de finanças.

AO LADO Na foto da *Vogue* de 1954, a socialite sra. Amory Carhart Jr. posa em frente ao horizonte de Nova York enquanto um homem carrega sua bagagem da Louis Vuitton em um hidroavião.

AO LADO E ACIMA
O ícone da moda Audrey Hepburn foi uma cliente de longa data de Louis Vuitton, ajudando a aumentar a popularidade da marca, sempre viajando com sua fiel bolsa Speedy. A bagagem também apareceu nas telas. Esta foto de seu filme *Love in the Afternoon*, de 1957, mostra um grande baú Monogram da Louis Vuitton.

Em poucos anos, com o suprimento de matérias-primas voltando a fluir livremente, os negócios puderam se recuperar, em parte graças ao trabalho de Gaston-Louis em apoiar e promover a fabricação e a reputação dos produtos de luxo franceses no pós-guerra. Em 1954, em seu centésimo aniversário, a empresa mudou-se da Champs-Élysées, que havia sido invadida por cervejarias e espaços de entretenimento, para uma elegante mansão particular mais adequada à sua clientela, na avenida Marceau, 78.

Por volta do fim dos anos 1950 e início dos anos 1960, a sociedade mudava rápido, enormemente influenciada pela Nouvelle Vague no cinema francês – em que jovens diretores experimentavam uma nova maneira espontânea de filmar, utilizando câmeras portáteis para registrar temas contemporâneos em locações da vida real. O novo rosto desse estilo de vida moderno foi Brigitte Bardot, que era examinada dentro e fora da tela por mulheres jovens que

A SEGUNDA GUERRA MUNDIAL E ALÉM 47

ABAIXO A Nouvelle Vague teve uma enorme influência na estética dos anos 1960, e estrelas como Brigitte Bardot, mostrada aqui no drama de Jean-Luc Godard de 1963, *O Desprezo*, ou *Le Mépris*, foram estudadas e imitadas dentro e fora da tela.

AO LADO Brigitte Bardot recém-casada com Gunter Sachs em 1966.

se apressavam em imitá-la. Saint-Tropez se tornou o novo destino da moda para as celebridades e os ricos, com seus estilos de vida glamourosos capturados pelos paparazzi, e viagens para lá se popularizaram entre essas classes, fosse para uma estada de fim de semana ou somente para uma noite de festa. Essa nova maneira de viajar precisava de um tipo de bagagem igualmente flexível e, assim, o estilo de bolsas Louis Vuitton com laterais macias explodiu em popularidade, especialmente a Keepall, uma das favoritas, e muito fotografada, de Bardot.

Outro fator de influência na reputação e no sucesso da Louis Vuitton ao longo dos anos 1950 e 1960 era o editorial de moda. Fotógrafos, incluindo David Bailey e Richard Avedon, criaram imagens impressionantes com modelos elegantes vestindo a mais recente alta-costura para revistas como *Vogue* e *Harper's Bazaar*. Em muitas dessas fotos, uma mala ou bolsa de viagem da Louis Vuitton é o complemento perfeito para os ternos sob medida

À DIREITA Catherine Deneuve e seu marido, o fotógrafo de moda David Bailey, chegando a Londres em 1966 com um conjunto completo de malas Monogram da Louis Vuitton.

AO LADO Os editoriais de moda também desempenharam um papel importante no estabelecimento do desejo em torno das bolsas Louis Vuitton, como mostra esta foto da modelo Twiggy na *Vogue* de 1967.

com o requinte da década de 1950 – ou um acréscimo à atmosfera livre e ousada das jovens da década de 1960, representadas pela modelo Twiggy. Essas imagens aumentaram a qualidade aspiracional e o prestígio social das bolsas Louis Vuitton, que continuam até hoje.

Gaston-Louis Vuitton, que foi tão influente no éthos do design e no sucesso da empresa familiar, morreu em 1970. Dedicado aos negócios, de 1954 até sua morte, dividiu seu tempo entre Asnières, onde passava as manhãs, e a loja de Paris, para a qual era levado por um motorista exatamente às 13h30 todos os dias.

A SEGUNDA GUERRA MUNDIAL E ALÉM 51

EXPANSÃO
GLOBAL

CONQUISTANDO O MUNDO DO LUXO

Nos anos imediatamente seguintes à morte de Gaston-Louis Vuitton, em 1970, a empresa fez pouco mais do que se manter estável. A loja de Paris e sua loja-irmã em Nice ainda eram populares, mas as vendas estavam estagnadas e não cresciam. Em 1977, os três filhos de Gaston-Louis, com os maridos de suas filhas, perceberam que a empresa tinha um enorme potencial, mas precisavam agir para explorá-lo.

Após um acalorado debate familiar, o cargo de presidente foi atribuído a Henry Racamier, marido de Odile Vuitton. Apesar das dúvidas iniciais entre alguns dos Vuittons, ele provou ser uma escolha acertada. Além de trabalhar duro e de maneira astuta, Racamier era, como Louis Vuitton antes dele, um filho de Jura, de modo que a tenacidade e a resiliência lhe foram incutidas desde o nascimento. Após a Segunda Guerra Mundial, ele fundou uma empresa de fabricação de aço altamente bem-sucedida, que vendeu com grande lucro antes de assumir o comando da Louis Vuitton, aos 65 anos. Sua experiência, especialmente no comércio internacional, foi inestimável para aumentar o alcance global da marca.

Naquela época, o modelo de venda internacional da empresa era baseado em franquias, em que homens de negócios locais compravam o direito de utilizar o nome da Louis Vuitton e a licença para vender seus produtos, mas, por outro lado, essas

AO LADO A primeira bolsa de laterais maleáveis da Louis Vuitton, projetada em 1901 para viagens em transatlânticos, foi nomeada The Steamer. Aqui, Catherine Deneuve descansa seus pés em uma versão Monogram clássica, em 1970.

EXPANSÃO GLOBAL 55

ABAIXO Desde a época de Gaston-Louis Vuitton, a arquitetura, o design de interiores e as vitrines foram extremamente importantes para o sucesso da marca, exemplificado por esta vitrine da loja da Quinta Avenida de Nova York.

franquias eram largadas à própria sorte quanto à forma de promover os produtos. Quando Racamier assumiu, esse sistema foi substituído por outro focado em subsidiárias locais, o que permitiu à Louis Vuitton um controle muito maior sobre as lojas de outros países. Trabalhando em estreita colaboração com os chefes das subsidiárias, a família tinha controle sobre a arquitetura da loja, o design de interiores e a escolha das linhas de produtos. Aproveitar o conhecimento dos funcionários sobre os mercados locais e a preferência dos clientes permitiu que as lojas prosperassem, e surgiram parcerias vitais para o crescimento da empresa.

O Japão foi um sucesso desde o início, com lojas abrindo em Tóquio e Osaka em 1978. O resto da Ásia logo seguiu esse exemplo, com lojas sendo inauguradas em locais como Singapura em 1979. A falsificação na Ásia era um problema específico, algo que Gaston-Louis havia tentado resolver pouco antes de sua morte. A oferta de produtos legítimos da Louis Vuitton resolveu o problema até certo ponto, e as lojas dentro de grandes hotéis estavam perfeitamente posicionadas para atrair viajantes internacionais. Em 1981, foi inaugurada uma loja de prestígio em Nova York, o que elevou o perfil da empresa nos Estados Unidos, e a Europa veio em seguida, com destaque para a reabertura bem-sucedida da loja de Londres na Bond Street, que havia recebido a Louis Vuitton pela primeira vez em 1900.

ABAIXO A opulenta loja da Louis Vuitton na Bond Street, em Londres, primeiramente estabelecida em 1900 e reinaugurada em 1981.

EXPANSÃO GLOBAL 57

À ESQUERDA Em 1986, uma nova *flagship store* em Paris foi inaugurada na avenida Montaigne, que ficou conhecida desde então por seu design de interiores e suas vitrines dramáticas.

AO LADO A Ásia se tornou um mercado próspero para a Louis Vuitton, com lojas que incluem este edifício arquitetonicamente impactante em Hong Kong.

58 EXPANSÃO GLOBAL

Os anos 1980 foram uma década de sucesso para a marca, que cresceu de um punhado de lojas que geravam 11 milhões de euros em vendas, em 1977, para 125 lojas e 600 milhões de euros em vendas em 1989.[1] Em 1986, a marca inaugurou uma loja emblemática em Paris, na elite da avenida Montaigne, com design de interiores moderno e um posicionamento dinâmico dos produtos. Para promover ainda mais o perfil internacional da marca, a empresa começou a procurar oportunidades de patrocínio, e, em 1983, foi criada a Louis Vuitton Cup, uma corrida de veleiros que era uma preliminar necessária para a renomada America's Cup. Três anos depois, a marca criou a Fundação Louis Vuitton para a Ópera, que financiou o treinamento de jovens músicos talentosos e elevou o perfil da ópera em todo o mundo. Essas parcerias culturais com outras marcas e instituições, que compartilhavam os valores fundamentais de tradição e de alta qualidade, ajudaram a selar a reputação da Louis Vuitton como uma das marcas de artigos de luxo mais prestigiadas do mundo.

ACIMA Para promover a Louis Vuitton como uma marca internacional de prestígio, Henry Racamier procurou oportunidades de patrocínio, como a Louis Vuitton Cup, competição de veleiros preliminar para a ilustre America's Cup.

ABAIXO Em 1978, a Louis Vuitton contratou o fotógrafo Jean Larivière, mostrado aqui em uma retrospectiva em 2007 de seu trabalho com a marca, para criar imagens de publicidade. A colaboração duraria mais de três décadas, produzindo fotografias incríveis sob o banner "The Spirit of Travel" ["O Espírito de Viagem"].

PUBLICIDADE E FOTOGRAFIA: JEAN LARIVIÈRE

Desde os dias em que Gaston-Louis esboçava vitrines que eram quase obras de arte por si mesmas, o valor da criação de imagens fortes para a marca se tornou algo primordial na Louis Vuitton. Com isso em mente, em 1978, a empresa contratou o fotógrafo Jean Larivière para fotografar uma campanha publicitária. Assim teve início uma colaboração que durou mais de três décadas. Sua primeira série, intitulada "The Spirit of Travel" ["O Espírito de Viagem"], levou Larivière a alguns dos lugares mais espetaculares do mundo, incluindo Tailândia, China, Groenlândia, Mianmar e Nepal. O objetivo da campanha era celebrar o luxo atemporal, e os locais procurados por Larivière levaram os produtos Louis Vuitton a algumas das paisagens mais fascinantes da Terra.

Um purista, Larivière planejava obsessivamente a composição de suas fotografias antes de tirar numerosas versões até encontrar a imagem perfeita. Às vezes, ele esperava horas pela luz certa e não se importava em percorrer quilômetros para obtê-la. Ele lembrou:

"Foram necessárias cinco horas em um veículo *off-road* para chegar ao local, que é a maior cratera de impacto do Chile. Quando cheguei lá, o sol estava se pondo e não tive tempo de colocar um suporte para a câmera; joguei um saco de areia no chão, equilibrei minha câmera nele e tirei duas fotos com dois sistemas diferentes".[2]

Influenciado por fotógrafos lendários como Richard Avedon, Robert Mapplethorpe e Irving Penn, o estilo despojado e em preto e branco das

EXPANSÃO GLOBAL 61

primeiras fotografias de Larivière para a Louis Vuitton causou impacto imediato no público. Ele continuou trabalhando ao longo dos anos, criando fotografias meticulosamente compostas que cimentaram a associação entre a Louis Vuitton e os destinos mais luxuosos e exóticos. Além de seu trabalho com a publicidade, Larivière foi contratado para fotografar uma série comemorativa do patrimônio da marca, incluindo fotos das oficinas em Asnières. Apesar de Larivière ser menos conhecido do que muitos de seus contemporâneos, as retrospectivas de seu trabalho, abrangendo retratos, editoriais de moda, reportagens e campanhas publicitárias, mostram que ele é um verdadeiro artista.

LVMH: O NASCIMENTO DE UMA MEGAMARCA

No fim dos anos 1980, Henry Racamier já havia começado a expandir a Louis Vuitton discretamente, ao comprar ações de controle em outras marcas de alto padrão, incluindo as grifes Givenchy e Loewe e o fabricante de champanhe Veuve Clicquot. No entanto, suas ambições eram de maior inserção no mercado de artigos de luxo. Então, em 1987, a Louis Vuitton se fundiu com a Moët Hennessy para criar a megamarca LVMH (Moët Hennessy Louis Vuitton).

A Moët Hennessy passou várias décadas investindo pesadamente em negócios em todo o mundo, incluindo outros produtores de champanhe (sua principal concorrente, a Ruinart Père et Fils, foi comprada em 1962), produtores de vinho e bebidas alcoólicas e marcas de prestígio, como a Christian Dior Parfums. Embora bem-sucedida, a empresa havia se sobrecarregado financeiramente; em junho de 1987, ocorreu a lendária fusão de US$ 4 bilhões. O ímpeto por trás da fusão foi permitir que a Louis Vuitton se expandisse globalmente e salvasse a Moët Hennessy de ofertas de aquisição. Cada parte deveria manter o controle das próprias subsidiárias. Alain Chevalier, presidente da Moët Hennessy, que era a empresa maior, foi nomeado presidente do conselho e Henry Racamier foi nomeado vice-presidente executivo.

AO LADO Editoriais de revistas e vínculo com personalidades glamourosas desempenharam um papel importante na promoção da Louis Vuitton como a marca ideal para viagens de luxo. Esta foto da *Vogue* de 1974 da socialite Nan Kempner é um exemplo.

ACIMA Em 1987, depois de uma década turbulenta para a marca, a Louis Vuitton se fundiu com a Moët Hennessy em um negócio inovador de US$ 4 bilhões. Bernard Arnault, fotografado aqui na década de 1980, investiu na empresa a convite de Henry Racamier, mas logo buscou a liderança, o que resultou na expulsão de Racamier e de outros membros da família Louis Vuitton.

Infelizmente, logo surgiram alguns desentendimentos, pois Racamier e o restante da diretoria da Louis Vuitton acusaram Alain Chevalier e a Moët Hennessy de tentar absorver a empresa nas próprias operações. A participação de 60% que a família Vuitton detinha na Louis Vuitton como acionista minoritária passou a valer apenas 17% da LVMH.[3] Para nivelar o campo de atuação, Racamier buscou o apoio de Bernard Arnault, um jovem empreendedor imobiliário e engenheiro financeiro que investia na LVMH. Para a infelicidade de Racamier, a tática saiu pela culatra, pois o próprio Arnault tinha planos de assumir a liderança do conglomerado. Arnault, com o apoio da empresa britânica Guinness PLC (que havia sido persuadida a comprar ações da LVMH por Chevalier, para ficar a seu lado contra Racamier), garantiu o controle acionário em nome de Arnault. Chevalier deixou a LVMH, e Arnault e Racamier tiveram que lutar pelo controle da empresa nos tribunais. Apesar do fato de a Louis Vuitton ter sido responsável por 32% de todas as vendas da LVMH, Arnault foi apoiado pelas famílias Moët e Hennessy. Com outros altos executivos, Racamier foi forçado a sair e Arnault assumiu a Louis Vuitton.

Embora a LVMH ainda se mantivesse como o grupo de produtos de luxo mais valioso do mundo, no início da década de 1990 a marca Louis Vuitton começou a enfrentar dificuldades. Ao longo da década de 1980, a estampa Monogram foi usada em um grande número de novos produtos para aumentar as vendas, mas, como resultado, tornou-se um tanto onipresente. Esse excesso apelativo do design desvalorizou a marca como símbolo de status, um problema agravado pela falsificação. Em 1989, a LVMH contratou o executivo têxtil francês Yves Carcelle como CEO da Louis Vuitton, com o objetivo de expandir as linhas de produtos e aumentar as vendas. No entanto, durante a primeira metade da década de 1990, a Louis Vuitton continuou a enfrentar dificuldades. Seria preciso esperar até 1996 para que as coisas começassem a mudar, primeiro com o redesign do icônico canvas Damier em uma nova linha de malas e, depois, com a comemoração do centenário do Monogram.

Reinventar a excessivamente usada estampa Monogram era uma prioridade. A Louis Vuitton precisava de uma campanha de alto nível para mostrar que a marca era moderna e dinâmica, em vez de tradicional e rígida. A empresa convidou sete designers contemporâneos de moda para criar uma bagagem perfeita. Poderia ser qualquer coisa, desde que apresentasse o canvas Monogram. Os sete projetos – por Azzedine Alaïa, Vivienne Westwood, Manolo Blahnik, Helmut Lang, Romeo Gigli, Sybilla e Isaac Mizrahi – foram expostos em todo o mundo e ganharam muita atenção da imprensa. Os próprios itens passaram a ser procurados por colecionadores, e a Louis Vuitton apresentava uma nova face da moda para o mundo da bagagem de luxo. O próximo passo óbvio seria entrar no mundo do design de moda. Com esse objetivo, em 1997, Arnault nomeou um estilista visionário, Marc Jacobs, para revitalizar a marca.

LANÇAMENTO DE UMA LINHA DE MODA

Nascido em Nova York em 1963, Marc Jacobs estava determinado a ser estilista desde jovem. Seu pai faleceu quando ele tinha sete anos e sua mãe se casou diversas vezes depois disso, de modo que Jacobs e seus irmãos se sentiram tão deslocados que, na adolescência, ele decidiu morar com a avó.

A mudança proporcionou a estabilidade tão necessária para o adolescente apaixonado e criativo, e sua avó, uma viajante experiente que se cercava de belos objetos, não só aceitou como também incentivou ativamente as paixões de Jacobs. Ela lhe concedia muita liberdade e, com apenas 15 anos, ele já frequentava as boates da moda em Nova York. Apesar da vida social ativa, sua dedicação à moda não diminuiu. Estudante da High School of Art and Design, ele também trabalhou em uma butique de luxo, a Charivari, na qual podia criar o design de suéteres. Essa experiência lhe rendeu uma vaga na prestigiada Parsons School of Design. Nessa escola, Jacobs teve grande destaque, ganhando os prêmios Perry Ellis Gold Thimble e Chester Weinberg Gold Thimble, bem como Estudante de Design do Ano, após sua formatura em 1984.

AO LADO A modelo Naomi Campbell é uma musa de longa data de Marc Jacobs. Enquanto caminha pela passarela de um de seus primeiros desfiles para a Louis Vuitton, o banco ocupado por fotógrafos na parte de trás revela o grande interesse da mídia no novo empreendimento do jovem estilista.

MARC JACOBS 69

Logo depois, ele criou uma coleção para a Sketchbook for Reuben Thomas, que lhe rendeu o prêmio Perry Ellis do Council of Fashion Designers of America (CFDA) na categoria Novo Talento da Moda

Nessa época, Marc Jacobs também conheceu seu parceiro de negócios de longa data, Robert Duffy, e em um ano lançou sua marca de moda homônima. Nos anos seguintes, Jacobs enfrentou muitos desafios, buscando patrocinadores para sua empresa e se deparando com um grande azar, quando uma coleção foi roubada e um incêndio destruiu seu ateliê. A sorte mudou quando, em novembro de 1988, foi anunciado que Jacobs, com 25 anos de idade, seria nomeado diretor de moda feminina da Perry Ellis. Falecido em 1986, Ellis era um estilista renomado no universo da moda norte-americano, comparável a Ralph Lauren ou Calvin Klein. A empresa precisava de talentos jovens e inovadores, de modo que essa veio a ser uma grande oportunidade para Jacobs, que estava determinado a deixar sua marca na grife de roupas casuais e esportivas.

Nas oito coleções que desenhou para Perry Ellis, começou a aparecer aquele que se tornaria o visual grunge icônico de Jacobs. Tendo a supermodelo Linda Evangelista como musa, ele criou designs que deixaram a imprensa de moda dividida e que também não foram bem-sucedidos comercialmente na Perry Ellis, que o demitiu em 1992. Mas, quando ele retomou o foco na própria marca, ficou claro que havia iniciado uma tendência monumental. Ironicamente, a coleção que custou o emprego de Jacobs – uma série de vestidos estampados de avó, pesadas botas Dr. Martens e camisas de flanela – rendeu grandes aplausos da crítica e o prêmio CFDA de Designer de Moda Feminina de 1992. A publicação *Women's Wear Daily*, ou *WWD*, batizou o estilista de "o guru do grunge", e nascia o estilo mais badalado do início dos anos 1990. Em uma entrevista de 1992 à *WWD*, Jacobs descreveu seu estilo grunge desconstruído como "uma versão hippie e romântica do punk". Ele prosseguiu em sua explicação:

AO LADO Em 1997, Bernard Arnault nomeou o jovem designer Marc Jacobs para lançar a Louis Vuitton no mundo da moda prêt-à-porter.

AO LADO O contraste entre as coleções de Jacobs para a Louis Vuitton e o estilo grunge de sua própria marca era óbvio desde o início de seu período de parceria. Em 1999, a modelo Carolyn Murphy participou de um desfile que apresentava cores primárias ousadas e acessórios com Monogram em relevo.

"Não existe certo ou errado hoje. O que importa é oferecer opções às pessoas".

O grunge captou perfeitamente o clima anticapitalista do início dos anos 1990, oferecendo um antídoto para o consumo excessivo e ganancioso e os símbolos de status dos anos 1980. Mas, em 1995, a reação contra a alta moda diminuía, o minimalismo crescia em popularidade e as tradicionais grifes francesas voltaram a ser populares. Havia uma diferença, no entanto, no fato de que muitas dessas marcas da velha guarda estavam agora empregando jovens designers de vanguarda para movimentar as coisas. Entre os estilistas britânicos, estavam Stella McCartney, que se juntou à Chloé, e os dois *enfants terribles*, John Galliano e Alexander McQueen, que Bernard Arnault aliciou para chefiar a Dior e a Givenchy, respectivamente.

Talvez para equilibrar a teatralidade de Galliano e McQueen, ou talvez pelo fato de o estilista norte-americano Tom Ford ter causado um impacto tão grande na Gucci nos anos que se seguiram à sua entrada em 1990, Arnault procurou estilistas nos Estados Unidos que pudessem assumir o comando de outras marcas da LVMH. Em 1997, ele escolheu Michael Kors para a Céline e Narciso Rodriguez para a Loewe. Mas foi a indicação de Marc Jacobs para coleções prêt-à-porter na Louis Vuitton que gerou as maiores manchetes.

A primeira coleção de Marc Jacobs para a Louis Vuitton foi lançada em março de 1998 e, em uma decisão um tanto perversa, a coleção apresentava apenas uma bolsa, com um discreto logotipo da LV. Na verdade, todo o desfile confirmou a mudança para um visual mais despojado que o designer vinha experimentando com a própria marca em temporadas anteriores. O minimalismo da década de 1990 foi uma antítese à mistura e à combinação do grunge, com designers como Jil Sander, Helmut Lang e Calvin Klein criando roupas para mulheres que queriam guarda-roupas bonitos e funcionais. Jacobs abraçou inteiramente essa estética em seu desfile de estreia, oferecendo vestidos e casacos simples e com um bom corte, além de peças elegantes em tons sutis de azul

MARC JACOBS 73

e cinza, quase nada ostensivas. Isso se adequou perfeitamente à maneira como a Louis Vuitton almejava que a marca se apresentasse, uma homenagem ao luxo discreto que, acima de tudo, era eminentemente usável. Como Marc Jacobs disse à redatora de moda Sarah Mower:

"Não podíamos fazer que parecesse a antiga Vuitton, porque não havia tradição… Então comecei do zero, sem colocar insígnias na parte externa das peças – apenas nos forros, peças em cinza-claro como os baús originais da Vuitton e em tecido como o algodão colado, que tinha tanto luxo quanto praticidade".[1]

Jacobs também demonstrou certa aptidão para a autopromoção ao realizar um jogo publicitário brilhante alguns dias antes do desfile. Naomi Campbell relembrou como ela e muitas outras modelos de destaque contratadas com o intuito de desfilar para a Louis Vuitton estavam presas em Milão, sem conseguir se locomover até Paris. Jacobs, amigo íntimo da modelo, prontamente enviou um jato particular com bolsas e malas de presente para cada uma, e Campbell chamou os paparazzi. Uma foto posterior do casting que incluía as principais modelos do mundo, todas usando malas da Louis Vuitton, com Campbell em primeiro plano com uma Keepall azul-bebê diretamente da linha de produção, tornou-se icônica.

O segundo desfile de Marc Jacobs confirmou sua estética minimalista, com diversas roupas totalmente brancas ou cinza – embora, talvez prenunciando a obsessão de seu sucessor Nicolas Ghesquière pela ficção científica, o estilista tenha enviado algumas das modelos à passarela vestindo macacões com capacetes espaciais. A paleta neutra de suas roupas se prestou aos acessórios mais ousados que a Louis Vuitton produzia naquela temporada. Ele optou por um logotipo em alto-relevo nas bolsas Monogram, que apareceram em uma variedade de cores de algodão-doce em couro envernizado, tanto nos estilos tradicionais quanto nos mais novos, como as versões em mochila, bolsas transversais e pochetes.

AO LADO A elegância da alta sociedade que simboliza a Louis Vuitton sempre impregnou as coleções de Jacobs. Esta foto de Claudia Schiffer para a temporada primavera/verão 2000, usando uma capa de chuva amarela com cinto e uma bolsa de verniz em tom pastel contrastante, é moderna e, ainda assim, clássica.

À DIREITA Para a temporada outono/inverno 2000, Marc Jacobs apresentou o elegante minimalismo parisiense com um toque de sua amada década de 1980. Os ternos pretos de crocodilo com pinceladas de cor, como este casaco de pele oversized verde, eram combinados com boinas angulares. Texturas e tecidos luxuosos rapidamente se tornaram um dos pilares das coleções da Louis Vuitton.

Para o desfile de primavera/verão 2000, Marc Jacobs se inspirou na ideologia de viagem da Louis Vuitton com uma coleção que serviria tanto para *jet-setters* internacionais em um safári africano quanto para aqueles que desfilam pelas calçadas de Manhattan. Ao lado dos tons cáqui e amarelo-pálido, surgiram tecidos estampados, na forma de miniMonograms em casacos e jaquetas e também em desenhos mais gráficos em vestidos de jersey de seda.

Na coleção outono/inverno 2000, Jacobs demonstrou uma consciência aguçada de como as tendências se moviam entre os jovens criadores de estilo. Ele lançou algumas homenagens aos anos 1980, apesar da Paris superchique daquela década, para garantir que a Louis Vuitton estivesse atenta às pulsações da moda. A paleta era composta principalmente por tons sofisticados de marrom-escuro e preto, adornados com cetim brilhante ou paetês. Ombros largos e tops assimétricos com caimento lateral combinados com boinas angulares sintetizavam a ambiência retrô. O destaque do desfile foi um terno azul em pele de crocodilo – caso alguém tivesse esquecido que a Louis Vuitton era a maior marca de luxo do mundo.

COLABORAÇÕES: A MODA ENCONTRA A ARTE

STEPHEN SPROUSE

Uma das formas pelas quais Marc Jacobs chamou a atenção de um público novo, mais jovem e descolado para a tradição da Louis Vuitton foi por meio de colaborações. Stephen Sprouse foi um designer e artista popular no início dos anos 1980 pelas estampas inspiradas no grafite. Ele apelidou suas roupas de "cyberpunk" e também obteve autorização para usar estampas icônicas, sendo a *Camouflage* de Andy Warhol a mais famosa. Sprouse colaborou com o artista Keith Haring e também atuou como artista gráfico. Embora aclamado pela crítica, Sprouse não era muito conhecido fora do mundo da moda e da arte até seu trabalho para a Louis Vuitton em 2001.

AO LADO E À ESQUERDA
As colaborações de Jacobs com artistas causaram grande impacto. A primeira, com as bolsas grafitadas por Stephen Sprouse, estreou na passarela da temporada primavera/verão 2001, e o design rapidamente se tornou icônico.

O resultado foi uma série de bolsas grafitadas que se tornaram um grande sucesso da marca. Isso representava uma atitude ousada, como Marc Jacobs explicou em uma entrevista para a exposição de 2012 do trabalho do estilista com a Louis Vuitton no Musée des Arts Décoratifs:

"Não sou verdadeiramente rebelde, mas foi uma espécie de solução sagaz para realizar aquilo que uma certa velha guarda da Louis Vuitton nos disse que não poderíamos realizar: 'Não desfigure o Monogram; não dá para mudar o Monogram'. Havia um certo respeito e um desrespeito (ao rabiscar o Monogram). Mais uma vez, se alguma coisa nós fizemos, foi dar mais atenção ao Monogram, escrevendo sobre ele".[2]

Inicialmente, a recepção que as bolsas tiveram entre os adeptos mais formais da Louis Vuitton foi morna. Mas a imprensa respondeu de maneira altamente entusiasmada, disseminando uma tendência de bolsas estampadas com grafite que se espalhou por tudo. Jacobs relembra: "Estava em todo lugar. E até hoje algumas lojas de presentes, dessas que vendem bolsas e ficam próximas a nosso escritório em Paris, têm as pequenas bolsas de nylon claramente copiadas do grafite de Sprouse".[3]

À ESQUERDA E AO LADO Na temporada primavera/verão 2002, Jacobs revisitou seus anos grunge com vestidos longos com estampas paisley. Os acessórios eram uma versão atenuada da bolsa de grafite, que já havia sofrido uma exposição excessiva, agora com temas fofos de animais da floresta que combinavam com o capricho da coleção.

Foi no desfile de primavera/verão 2001 que as bolsas grafitadas foram exibidas pela primeira vez, encontrando um lugar entre as tendências contrastantes da estação, que variavam entre uma atmosfera militar, somada a um boné naval "SS Vuitton", e florais suaves com um toque fluorescente de cores quentes e brilhantes, remetendo também ao punk dos anos 1980.

Marc Jacobs continuou a ser celebrado pela imprensa por seu trabalho na Louis Vuitton. Para a temporada outono/inverno 2001, ele apresentou uma paleta quase inteiramente monocromática, quebrando o rigor do preto e branco com detalhes lúdicos, incluindo minibolinhas que se camuflavam em botões grandes e acabamentos de gola de pele. A impressão geral era de uma coleção clássica e atemporal, que ainda assim conseguia ser moderna e sofisticada. Jacobs, por certo, cumpria sua missão de trazer para a Louis Vuitton um olhar novo, cheio de frescor e clientes mais jovens, sem trair a herança da marca ou sua clientela da velha guarda.

Na temporada primavera/verão 2002, a simplicidade das linhas e a alfaiataria discreta foram substituídas por um visual mais boêmio. Os vestidos longos com estampas de inspiração camponesa podem ter sido extraídos dos anos grunge de Jacobs, mas a elegância madura do design era evidente. Essa temporada também exibia uma nova abordagem para os acessórios. Por causa da superexposição da bolsa estampada em grafite estilo street, Jacobs apresentou bolsas mais fofas, com tema de animais em forma de borboleta, ou com grandes olhos de coruja espiando por cima das flores do padrão Monogram.

As coleções de outono/inverno em geral se prestam a roupas sofisticadas, perfeitamente alinhadas com os valores da marca Louis Vuitton, e, nesse sentido, 2002 não decepcionou. O clima dos anos 1950, que estava nas entrelinhas de alguns desfiles mais recentes de Jacobs, veio à tona com elegantes saias-lápis combinadas com camisolas de seda, conjuntos de ternos sob medida e casacos de pele com três quartos de comprimento. Um aceno familiar aos anos 1980, na forma de jaquetas bomber de seda e blusas estilo espartilho, bem como alguns blazers oversized, capitalizou o amor da Vuitton por tecidos luxuosos. O veludo, o cashmere, a seda lavada e o tradicional tweed espinha de peixe se adequavam perfeitamente a esse intuito, sublinhado por uma bolsa de festa Monogram em malha metálica.

MARC JACOBS 81

TAKASHI MURAKAMI

A colaboração entre Takashi Murakami e a Louis Vuitton, que começou em 2002 e durou 13 anos, foi uma iniciativa inovadora que levou ao encontro da tradicional empresa francesa de bagagens com o mundo da cultura pop japonesa.

Murakami é um artista contemporâneo japonês que, desde o início dos anos 1990, cria obras inspiradas em um amplo leque de influências, incluindo a arte tradicional japonesa, o anime, o mangá, a ficção científica e a cultura pop. Ele trabalha em uma variedade de mídias, abrangendo pintura, escultura e cinema.

À DIREITA
A colaboração entre o artista da cultura pop japonesa Takashi Murakami e a Louis Vuitton começou em 2002 e durou 13 anos.

ACIMA Murakami sobrepôs emblemas kawaii ao canvas Monogram, como nesta bolsa da coleção Cherry Blossom.

Seus personagens de desenho inventados – alguns animes, flores, ursos e leões sorridentes – são com frequência interpretados como símbolos de temas contemporâneos, como tecnologia, fantasia ou violência. O kawaii, a cultura japonesa da fofura e da vulnerabilidade infantis, tem grande influência sobre seu trabalho.

Em 2002, Marc Jacobs se aproximou de Murakami com a ideia de transformar os emblemas do Monogram em personagens de desenho animado. O designer imaginou a colaboração como uma espécie de pop art warholiana e deu a Murakami total liberdade para interpretar a encomenda. Os designs resultantes se tornaram icônicos. Na linha Multicolore, uma versão vibrante do Monogram foi repensada em 33 cores sobre um fundo branco e, em algumas versões, as flores circulares do Monogram tradicional são substituídas por adoráveis personagens kawaii. A coleção Cherry Blossom apresentou a versão de Murakami para

o tradicional emblema da flor japonesa repetidamente entrelaçada em um fundo marrom e bege do Monogram, que, em outras peças limitadas, recebeu os personagens de quadrinhos que são marca registrada de Murakami. Os designs eram abrangentes, com sucessos como o Monogramouflage, que era uma versão camuflada do icônico padrão Monogram e foi lançada em 2008.

Em uma mescla posterior entre arte e negócios, Murakami se apropriou dos designs Monogram e os reincorporou nas próprias pinturas e esculturas. Em 2009, uma retrospectiva do trabalho do artista japonês que exibia vários de seus designs para a Louis Vuitton foi promovida pelo Museu de Arte Contemporânea de Los Angeles. A exposição também contou com uma loja que vendia peças da colaboração.

Mantendo a natureza kawaii das bolsas de Murakami, a temporada de primavera/verão 2003 foi igualmente otimista e alegre. Versões levemente escurecidas das cores brilhantes das novas bolsas foram reproduzidas em charmosos vestidos de cetim com golas Peter Pan e cintos com um grande laço. Uma vez mais, a atmosfera era retrô, dessa vez fazendo referência aos anos 1950 e 1960, mas o encontro com a cultura pop atualizava a coleção, especialmente com o uso inventivo de neoprene e borracha em várias peças.

Essa experimentação com tecidos novos e interessantes, combinando-os com os tecidos de luxo mais tradicionais, é marca registrada de Marc Jacobs na Louis Vuitton. Para a temporada outono/inverno 2003, o Monogram apareceu impresso em vinil futurista – apenas para ser combinado com um tweed feminino.

AO LADO A linha de bolsas Multicolore teve o tradicional Monogram reinventado em 33 cores sobre um fundo branco e foi apresentada no desfile de primavera/verão 2003.

Em sua coleção seguinte, a ênfase ainda estava na textura, dessa vez canalizando o glamour da tela prateada na forma de veludo amassado, crepe de Chine, seda azul-pavão e lamê dourado. A coleção evocava noites em bares de coquetéis ou talvez jantares em grandes casas de campo, mas, como sempre, com Jacobs, ela não parecia datada e tinha um grande apelo voltado para os clientes mais jovens da Louis Vuitton. Nessa temporada, os acessórios combinados vieram como uma série de sofisticadas

À DIREITA Sempre experimentando e buscando inspiração em uma ampla gama de referências, Jacobs fez uma homenagem à estilista Vivienne Westwood na temporada outono/inverno 2004 com uma coleção que visitava as Terras Altas escocesas.

bolsas Monogram: algumas enriquecidas com ouro, outras em couro envernizado.

Conforme o trabalho de Jacobs na Louis Vuitton progredia, coleções que recebiam críticas mistas se intercalavam com sucessos estrondosos. Por exemplo, a temporada outono/inverno 2004, cuja atmosfera era baseada nas Terras Altas da Escócia, presenciou uma avalanche de tartan – adornado com pele em um casaco acinturado ou como terno completo com saia rodada e anágua de rede. Havia até mesmo um corpete para estruturar o look. A homenagem à Vivienne Westwood era evidente, mas também havia referências ao Oriente, uma vez que Jacobs reconhecia a inspiração em Tsuguharu Foujita, um pintor tradicionalista japonês que trabalhou em Paris na década de 1920. As legiões de clientes japoneses da Louis Vuitton devem ter gostado – assim como os executivos da LVMH, uma vez que o Japão era um mercado importante para a empresa.

É importante lembrar que, com o trabalho para a Louis Vuitton, Marc Jacobs também desenhava coleções sazonais para sua marca homônima, o que significava que, com muita frequência, ele

ABAIXO Os acessórios são a base da marca Louis Vuitton, e Marc Jacobs desenhava novas bolsas a cada estação, ecoando aqui o luxo de suas roupas com uma bolsa Monogram de veludo ornamentado.

À ESQUERDA
A elegância e os tecidos suntuosos apresentados em seu estilo único se tornaram uma marca registrada de Marc Jacobs na Louis Vuitton. Este terno de tricô mesclado com couro de crocodilo para a temporada outono/inverno 2005 é um exemplo perfeito.

abria o circuito de desfiles em Nova York e fechava em Paris. Inevitavelmente, o clima de um acabaria influenciando o outro, mesmo que não de maneira intencional. Em geral, a própria linha de Jacobs revelava a predileção do estilista para roupas peculiares, com um ar de conto de fadas, e seu passado grunge nunca foi completamente abandonado. No entanto, para a temporada outono/inverno 2005, um clima mais sombrio prevaleceu na Marc Jacobs, o que ecoou na passarela da Louis Vuitton.

ABAIXO Para a temporada outono/inverno 2006, a pura elegância old school ecoava estilistas clássicos franceses, incluindo Balenciaga e Yves Saint Laurent.

A abundância de looks totalmente pretos gerou alguma desconfiança, mas a capacidade de Jacobs em adaptar seus designs para a Louis Vuitton, criando trajes lindamente estruturados, deu uma guinada positiva no que poderia ter sido um espetáculo deprimente. A essência da elegância parisiense, resumida por ternos chiques, casacos com mangas três quartos, que revelavam luvas delicadas, saias lápis e vestidos acinturados com decote bateau e mangas curtas, remetia intensamente aos anos 1950, de modo que detalhes decorativos sutis transformaram a roupa de noite. As bolsas dessa coleção foram algumas das mais espetaculares que Jacobs produziu até hoje, incluindo uma bolsa de veludo com alças enfeitadas com joias e uma bolsa de festa em couro com alto-relevo.

Em 2006, a década de 1980 voltou a dar as caras, dessa vez em várias coleções que traziam o brilho do estilo Versace, mas também havia um pouco do glamour da velha guarda italiana, com um toque Pucci em algumas estampas. A referência a outros estilistas franceses lendários é um tema contínuo na Louis Vuitton, na qual é possível

MARC JACOBS 89

À ESQUERDA E AO LADO A temática kawaii japonesa encontrou o universo vitoriano na temporada primavera/verão 2007, que também incluía acessórios lúdicos como esta bolsa LOVE.

ver um único desfile acenando aos legados de Balenciaga, Dior e Yves Saint Laurent. Isso faz sentido uma vez que, até Jacobs assumir, a Louis Vuitton criava unicamente bagagens; essas referências inserem as bolsas, de modo sagaz, dentro da história da alta-costura francesa.

É das bolsas que vem o lucro, e a passarela cria um caminho para seu status de objeto de desejo, com cada temporada propondo uma nova declaração. Em 2006, foi a vez do vinil e das peles em alto-relevo, mais estampas Monogram de Murakami e bolsas tote impactantes e envernizadas com um par de fones de ouvido dourados como alças. A popularidade contínua da Louis Vuitton no Japão, que teve início na colaboração com Murakami, não passou despercebida por Jacobs e sua equipe de design. O desfile da temporada primavera/verão 2007, apesar de todos os elementos vitorianos extravagantes, teve um toque definitivamente kawaii, pois as modelos usavam adornos de cabeça florais fofos e desfilavam em vestidos de babados que lembravam vestidos de boneca.

RICHARD PRINCE

A colaboração seguinte de destaque idealizada por Marc Jacobs para a Louis Vuitton foi com o artista Richard Prince. O controverso pintor e fotógrafo americano, desde o final dos anos 1970, criava arte ao refotografar o trabalho de outros fotógrafos. Sua obra questiona e redefine a propriedade na arte, ao mesmo tempo que comenta alguns dos temas mais importantes da cultura americana, incluindo racismo, sexismo, cultura de celebridades, pornografia e ficção pulp. Prince ficou muito conhecido como um dos artistas contemporâneos mais proeminentes dos Estados Unidos, e seu trabalho passou a ser altamente procurado desde então, especialmente obras como a série *Nurse*, que pode chegar a US$ 10 milhões em leilões.

A pedido de Bernard Arnault, Marc Jacobs deveria dar continuidade à bem-sucedida série de colaborações com artistas, e o estilista, que possuía várias peças de Prince, entrou em contato

AO LADO
O lançamento da colaboração com Richard Prince complementou uma coleção rica em cores vibrantes e texturas no desfile da temporada primavera/verão 2008.

À ESQUERDA Esta bolsa, em que as palavras estão sobrepostas ao canvas Monogram, integrava a coleção Jokes, de Richard Prince.

com o artista no início de 2007. Jacobs e Prince trabalharam juntos para debater ideias, e o artista experimentou com serigrafia até que uma ideia nasceu. O resultado recebeu o nome de coleção After Dark, estreando no desfile da temporada primavera/verão 2008.

As bolsas eram usadas por top models, incluindo Naomi Campbell e Eva Herzigova, vestidas como enfermeiras sensuais com jalecos de plástico acinturados e semitransparentes, em referência à famosa série de pinturas *Nurse* de Prince. Richard Prince criou quatro padrões sobrepostos ao canvas Monogram: o canvas Monogram Jokes; o canvas Monogram Pulp em serigrafia amarela ou vermelha sobre jeans azul com um grande lettering da Louis Vuitton; o canvas Monogram Watercolor, que usava 17 cores sobrepostas; e o canvas de couro Bonbon em rosa e verde.

A coleção que essas bolsas integravam era igualmente colorida e inventiva, oferecendo um caleidoscópio de amarelo, lilás, rosa e roxo em uma mistura de tecidos que incluía Lurex® cintilante, organza de seda brilhante e chiffon volumoso. A recepção se deu

AO LADO E ACIMA
A terceira maior colaboração de Marc Jacobs com Richard Prince foi lançada no desfile da temporada primavera/verão 2008. As bolsas eram usadas por modelos incluindo Naomi Campbell e Eva Herzigova, vestidas como enfermeiras sexy, em referência à famosa série *Nurse*, de Prince.

com o público parcialmente em choque e parcialmente entretido, mas os acessórios – não apenas as bolsas, mas também as sapatilhas pontiagudas e as joias – salvaram o desfile e confirmaram a contínua consciência comercial do estilista.

Nos cinco anos seguintes, até Marc Jacobs deixar a Louis Vuitton para se concentrar na própria marca, as semelhanças entre sua linha e a da Louis Vuitton se tornaram mais perceptíveis, talvez revelando o motivo pelo qual ele estava pronto para se concentrar na primeira. Era típico, no entanto, que o desfile da Louis Vuitton fosse mais refinado e personalizado. A temporada outono/inverno 2008 não foi diferente; era inspirada na década de 1980, com uma paleta de cores marrom, bege e verde menta, sobre a qual Jacobs comentou: "Trabalhamos apenas com formas. Cortes, dobras e pregas. Não gosto de usar estas palavras porque soam pretensiosas, mas, se você preferir, a última temporada foi pictórica, e esta, escultural".

MARC JACOBS 95

À ESQUERDA E AO LADO Os acessórios são a principal fonte de renda da Louis Vuitton, com variações sazonais nas bolsas tradicionais da marca, como o Monogram em versões metálicas reluzentes e com acabamento em pele.

No final de 2008, ao apresentar sua coleção primavera/verão 2009 à sombra de um mundo sob a depressão econômica, Jacobs reagiu oferecendo uma coleção reluzente, no estilo cabaré, que fazia referência a certa euforia de Paris durante a Segunda Guerra Mundial. As bolsas dessa temporada eram igualmente sedutoras, em uma gloriosa variedade de tons metálicos multicoloridos, camurça tátil e estampas de leopardo e píton. E, para sua coleção outono/inverno, a década de 1980 estava de volta, no estilo Christian Lacroix – repleta de saias balonê, jaquetas peplum com mangas bufantes e laços oversized. Novamente, os acessórios roubavam a cena, com uma atmosfera 1980 não somente nas bolsas, mas também nas botas de cano alto e chokers de couro.

Os últimos anos de Marc Jacobs na Louis Vuitton foram um zigue-zague no tempo e nas influências. A temporada primavera/verão 2010 apresentou modelos com grandes perucas afro e

À ESQUERDA E AO LADO O desfile de primavera/verão 2009 tinha uma temática glam-retrô com muito roxo e metálico, além da marca registrada de Jacobs ao misturar diferentes texturas e tecidos.

uma coleção que não sabia muito bem o que era. John Galliano parecia uma referência, com minivestidos ajustados, acentuados por corpetes, combinados com shorts de ciclista brocados. O tema esportivo se manteve, embora de maneira um tanto confusa, com malhas, franjas e acabamentos crus. Havia até um pouco de padrão militar. Felizmente, em sua coleção seguinte, Jacobs redescobriu seu direcionamento, levando-nos de volta aos anos 1950 e 1960, no estilo Bardot. As modelos contratadas, incluindo Elle Macpherson, não eram as habituais criaturas andróginas de expressão vazia das passarelas, mas femininas e voluptuosas, vestindo ternos de cintura fina e vestidos decotados. Apropriadamente, a bolsa Speedy da Louis Vuitton, um ícone da marca desde 1930, foi a estrela do desfile, usada por quase todas as modelos – em couro clássico luxuoso e também reinventada, com rendas e paetês ou cobertas em pele.

Para a temporada primavera/verão 2011, o estilista começou no Oriente, com cheongsams, pijamas de seda com gola Nehru

NO VERSO Os anos 1980 eram um tema recorrente para Jacobs que reaparecia na temporada outono/inverno 2009, com saias balonê e ombros bufantes.

MARC JACOBS 99

À DIREITA A Ásia é um mercado enorme para a Louis Vuitton, e as peças inspiradas no cheongsam de sua coleção primavera/verão 2011 acenavam para o Oriente.

e vestidos de coquetel com abundância de franjas. Em seu desfile de outono/inverno, as coisas esquentaram, com uma série provocante de roupas hipersexualizadas que beiravam a perversão, especialmente levando em conta as botas dominatrix até a coxa, cintos de couro envernizado grandes, jaquetas militares e bonés combinados com meias pretas e saltos altos. E, apesar disso tudo, vendia. As botas de borracha estilo dominatrix venderam 2 mil pares na primeira semana, segundo o estilista.

Em 2012, a coleção primavera/verão foi delicada e etérea, tendo como pano de fundo um carrossel cheio de cavalos brancos. Os vestidos de bordado inglês e os florais cortados a laser em tons pastel eram recatados, remetendo aos anos 1950, especialmente os ternos de duas peças, que tinham um toque New Look da Dior. A amiga de longa data e modelo/musa Kate Moss encerrou o desfile, levando a especulações sobre quanto tempo o estilista permaneceria na marca. Mas Jacobs voltou e, para coincidir com a abertura da exposição *Louis Vuitton/Marc Jacobs* no Musée des Arts Décoratifs, apresentou uma homenagem ao legado de viagem da marca, com modelos usando chapéu e luvas saindo de um trem a vapor vestidas com jaquetas camelo e castanho, com botões de flores de cristal oversized. A habilidade de Jacobs e dos ateliês da Louis Vuitton foi destacada por vestidos e ternos requintados, que ofereciam um turbilhão de cores e padrões – além de bordados realmente extraordinários.

O último ano completo de Jacobs na Louis Vuitton foi 2013. Para sua coleção primavera/verão, o estilista prestou homenagem ao canvas original, o padrão Damier em xadrez. O clima remetia aos anos 1960, com muitos minivestidos gráficos no estilo Mary Quant em preto e branco, mas também em verde-limão e amarelo ácido. A temporada outono/inverno ofereceu tons mais suaves e a elegância e o luxo que se encaixam tão bem na Louis Vuitton.

Seda, veludo e pele sobre camisolas, pijamas e roupões com estampas florais delicadas, tendo como pano de fundo um hotel art déco, faziam referência à sociedade dos anos 1930, que relaxava durante o dia até as trocas de look para uma noite luxuosa, com a atenção ao detalhe típica da Louis Vuitton.

O nostálgico desfile final de Marc Jacobs para a Louis Vuitton foi o da temporada primavera/verão 2014, e ele recriou muitos dos temas e conjuntos de seus 16 anos na marca. Os looks eram quase inteiramente pretos, mas a sensação não era de um funeral para o estilista – e, sim, de uma celebração de tudo que ele havia conquistado. As roupas – adornadas com pedras pretas, com todas as modelos usando adereços de cabeça com pena de avestruz de Stephen Jones – eram adequadamente glamourosas, mas remetendo o suficiente ao street style, para lembrar ao público que, apesar de sua partida iminente, Jacobs era um estilista que ainda acompanhava as tendências mais inovadoras da moda. Ele assinou suas notas do desfile com as seguintes palavras: "Para a showgirl que há em todos nós".

ABAIXO Marc Jacobs assinou as notas de seu extravagante último desfile para a Louis Vuitton com as seguintes palavras: "Para a showgirl que há em todos nós".

AO LADO Quando Jacobs se aproximava do fim de seu trabalho na Louis Vuitton, ele apresentou uma coleção primavera/verão em 2013 que homenageava o padrão xadrez Damier, com roupas que canalizavam uma atmosfera Mary Quant dos anos 1960.

HERANÇA
REVIVIDA

NICOLAS GHESQUIÈRE E VIRGIL ABLOH

Depois da partida de Marc Jacobs, havia muita pressão sobre a Louis Vuitton para encontrar um estilista que pudesse corresponder ao sucesso do anterior e trazer uma perspectiva inovadora à marca. As indicações de Nicolas Ghesquière e, mais tarde, de Virgil Abloh para a moda masculina provaram-se escolhas inspiradas.

NICOLAS GHESQUIÈRE

Nicolas Ghesquière foi anunciado como novo diretor artístico da Louis Vuitton no início de novembro de 2013, apenas algumas semanas depois que Marc Jacobs revelou sua saída. Jacobs louvou imediatamente a nomeação, comentando em uma palestra no Tate Modern, pouco depois:

"Ele é um estilista brilhante e fará algo completamente diferente... Sempre admirei Nicolas. Estou curioso para ver o que ele vai fazer... Fico feliz que alguém que respeito e admiro, e que acho que seja um grande talento, esteja ali".

Ghesquière foi igualmente generoso em relação a Jacobs, "cujo legado espero honrar de todo o coração".[1]

AO LADO Nicolas Ghesquière continuou a explorar a herança da Louis Vuitton, mas com um toque moderno. Este casaco de alfaiataria requintado da temporada primavera/verão 2016 é feito em couro macio, contrastando preto e vermelho, com uma manga apresentando o Monogram e a outra com listras vermelhas, que tradicionalmente forravam os baús da Louis Vuitton.

HERANÇA REVIVIDA 109

À DIREITA Nicolas Ghesquière com Bernard Arnault e sua esposa. O estilista francês foi nomeado como sucessor de Marc Jacobs em novembro de 2013.

Nascido em 1971, Ghesquière cresceu em Loudun, uma pequena cidade no oeste da França. Assim como seu antecessor, ele se iniciou no ramo da moda bem jovem, quando estagiou com a estilista francesa agnès b., um trabalho pelo qual foi pago com roupas. Em 1990, em vez de cursar a faculdade de moda, mudou-se para Paris a fim de trabalhar como assistente de Jean-Paul Gaultier. Dois anos depois, assumiu um trabalho na Pôles, projetando a linha de tricôs. Apesar dos papéis relativamente pouco auspiciosos nesse meio-tempo, em 1997, Ghesquière foi uma nomeação surpresa para o cargo de diretor criativo da Balenciaga, grife francesa que passava por dificuldades, depois que o designer holandês Josephus Thimister foi demitido. Na Balenciaga,

Ghesquière foi responsável pelo design de roupas e acessórios, bem como pela supervisão da publicidade e do design das lojas. Ele aceitou o desafio de maneira admirável e, pelos 15 anos seguintes, transformou a Balenciaga em uma grife aclamada pela crítica, injetando nela sua estética inteiramente moderna.

Ao considerar um substituto para Marc Jacobs, Ghesquière era um nome atraente para Bernard Arnault por vários motivos. Ele não só havia maximizado o status e o lucro da Balenciaga (de propriedade da principal concorrente do grupo LVMH, a marca de artigos de luxo Kering), como também havia criado uma das "It" bags mais icônicas dos anos 2000: a bolsa Lariat, ou Motorcycle, como ficou conhecida. As bolsas e as malas continuaram sendo o principal fator de lucro da Louis Vuitton. Um estilista que tivesse a visão de criar um produto novo e atual, mas que desse a sensação de que seria possível possuí-lo e usá-lo para sempre, era exatamente o que Arnault queria.

ABAIXO Antes de sua nomeação oficial, Ghesquière impressionou Bernard Arnault com uma maquete de um baú da Louis Vuitton em miniatura para ser usado como bolsa. O resultado foi a agora icônica Petite Malle, exibida aqui em xadrez Damier.

HERANÇA REVIVIDA

Ghesquière resumiu sua habilidade em criar designs modernos com um toque tradicional em uma entrevista de 2019 ao *New York Times*, explicando que sua "maneira favorita de iniciar uma coleção é com anacronismo", lembrando-nos de que "o que você considera normal e clássico já foi novo um dia".

Após sua primeira reunião com Arnault, Ghesquière criou uma maquete de um baú da Louis Vuitton em miniatura para ser usado como bolsa. Quando o designer apresentou a ideia, Arnault imediatamente vislumbrou as oportunidades de venda, imaginando a bolsa exposta em grandes quantidades nas lojas. Essa capacidade de pegar uma ideia criativa e mostrar como ela poderia ser transformada em um produto lucrativo era algo que Ghesquière não havia considerado antes. Ele percebeu que Arnault era "alguém que podia considerar o que eu estava fazendo e imaginar as etapas posteriores ao meu design. Era claramente o que estava faltando em minha carreira anterior... Eu queria esse tipo de visão. Queria alguém com quem poderia trabalhar em uma história como essa".[2]

O design que tanto impressionou Arnault, eventualmente apelidado de "Petite Malle", é agora um dos carros-chefes da coleção da Louis Vuitton, vendido por $ 5.500 dólares.

Apesar de seu talento no design de acessórios, Ghesquière é, antes de tudo, um estilista de roupas e, embora o prêt-à-porter da Louis Vuitton represente apenas 5% das vendas da empresa – 90% das quais vêm de artigos de couro[3] –, as coleções de passarela moldam a imagem da marca. Para isso, Ghesquière foi uma escolha inspirada. Quando entrou para a Louis Vuitton, ele já estava no topo de sua carreira, um dos poucos estilistas geniais que influenciaram as tendências mundiais por mais de uma década. Sua estética na Balenciaga, que continuou a influenciar seus designs quando mudou para a Louis Vuitton, baseava-se em silhuetas históricas de períodos tão abrangentes quanto o século XVIII e as décadas de 1940 e 1980. Seu domínio na fusão entre peças tradicionais e elementos futuristas, com seu talento para a estrutura e a alfaiataria, fez que ele criasse alguns dos looks mais marcantes da moda. Apesar de seus temas abrangentes e

AO LADO Esta combinação rock-androgina de jaqueta biker multicolorida e calça estampada para a temporada primavera/verão 2016 mostra que Ghesquière tem um talento para misturar padrões que poucos estilistas exibem.

combinações de alfaiataria ousadas, Ghesquière foi capaz de criar uma variedade notável de peças totalmente usáveis e muito procuradas, desde jaquetas aviador de pele de carneiro até estampas florais e biker boots, que influenciaram fortemente o cenário da moda de rua.

A nova parceria se adequava a ambos os lados. A capacidade de criar tendências populares agradava a Arnault, e a posição da Louis Vuitton como a principal marca de luxo do mundo (e os recursos que oferecia) seduzia Ghesquière. A expectativa era de que as roupas do estilista oferecessem o máximo em luxo; ele foi incentivado a experimentar com tecidos delicados, incluindo cashmere, sedas da mais alta qualidade e veludos macios, com detalhes trabalhados com a prata mais cara, bordados em ouro e com rendas feitas à mão.

O desfile de estreia de Ghesquière para a Louis Vuitton foi o de outono/inverno 2014, que recebeu a cobiçada posição de encerramento da Paris Fashion Week. Como ele seguia os passos do talentoso e teatral Marc Jacobs, as expectativas eram altas. Em cada assento, Ghesquière deixou um bilhete datilografado com os dizeres: "Hoje é um novo dia. Um grande dia. Não há palavras para expressar exatamente como me sinto neste momento... Acima de tudo, uma imensa alegria".

A alegria reinava em abundância no pátio interno do Louvre, onde, em vez dos cenários sombrios e dramáticos de seu antecessor, Ghesquière optou por banhar a passarela com a gloriosa luz do sol. A silhueta era predominantemente da década de 1960, em alguns looks beirava a década de 1970, com casacos e saias em linha A, mas, como sempre acontece com Ghesquière, os tecidos eram totalmente modernos. O couro e a camurça, pilares da marca, não eram encontrados nas versões de luxo macias como se esperava, mas sim envernizados ou craquelados, incluindo um casaco de crocodilo preto, uma das peles mais caras do mundo. A textura e a cor estavam repletas de toques de laranja e vermelho, mas Ghesquière incluiu alguns de seus florais característicos, bem como tricôs estampados. Os

AO LADO Tecidos futuristas em estilos tradicionais são um dos pilares das coleções de Ghesquière, como exibido aqui nesta luxuosa jaqueta dourada estilo cavalaria da temporada primavera/verão 2017.

HERANÇA REVIVIDA 115

À DIREITA
As sobrecasacas brocadas combinadas com shorts de corrida de cetim e tênis LV resumem a mistura única de influências contrastantes de Ghesquière.

cintos de couro vermelho, preto e marrom foram amarrados para realçar a silhueta alargada. Os casacos associados a um estilo parisiense mais tradicional, incluindo trench coats e casacos de pele luxuosos, remetiam ao patrimônio da marca, lembrando ao público que, pela primeira vez no mundo global da moda, o novo designer da Louis Vuitton era um nativo da cidade.

A ênfase nas bolsas era perceptível, com quase todas as modelos carregando uma (o que não surpreendia, já que essas bolsas logo voariam das prateleiras, como previsto). A minibolsa

Petite Malle foi acompanhada por várias outras com a estampa Monogram – algumas bastante tradicionais, outras com um toque moderno, com uma faixa de estampa alternada com cores vibrantes. A Speedy, carro-chefe da Louis Vuitton, aparecia em várias versões, e também havia opções para aqueles que preferissem algo menos estruturado.

Em suma, a estreia de Ghesquière foi relativamente discreta para um estilista famoso por seu amor pela experimentação, mas também foi ideal para aqueles que estavam nervosos sobre ele

HERANÇA REVIVIDA 117

atender às expectativas. No entanto, não havia motivos para temer. Na temporada primavera/verão 2015, Ghesquière havia se estabelecido em seu papel com um segundo desfile que dava continuidade ao tema da usabilidade, mas com uma intensidade que só ele poderia propor. A alfaiataria clássica, incluindo um casaco de lã e vários blazers, recebeu combinações com tops brancos simples feitos do que parecia ser renda. Vestidos e mais tops em branco, preto e azul eram feitos do mesmo tecido, que, após uma inspeção mais minuciosa, se revelou como uma intrincada malha de tiras finas de couro entrelaçadas com anéis de metal. A criatividade era notável e, ainda assim, o resultado final, incrivelmente usável. O couro aparecia novamente em minivestidos com listras vermelhas ou laranja e pretas, e uma saia com uma estampa bem-humorada de secadores de cabelo, carros e aspiradores de pó acrescentava um pouco de frivolidade. Como o próprio Ghesquière disse: "Não há ruptura com a temporada passada… Ainda é um guarda-roupa, trata-se de uma mistura instintiva".[4]

Na temporada outono/inverno 2015, a atmosfera retrô das duas coleções anteriores de Ghesquière havia desaparecido em pró de uma tendência futurista, com o viajante da Louis Vuitton avançando anos-luz. Os tecidos metálicos reinavam, incluindo malhas que se ajustavam à silhueta e uma combinação de saia e blusa dourada tipo tweed que ainda tinha um ar de mulher parisiense tradicional. Igualmente usáveis, embora um pouco extravagantes, foram os enormes casacos brancos de pele de ovelha que abriram o desfile, com as modelos carregando baús de metal do tamanho de bolsas de mão. Os acessórios ultramodernos incluíam um baú de vidro transparente e as bolsas-baú metálicas. As últimas se tornaram best-sellers instantâneos, projetadas de maneira sagaz para terem estilo e praticidade, com espaço de armazenamento embutido para a tecnologia, da mesma forma que os baús originais da Louis Vuitton eram projetados de acordo com as necessidades da mulher do século XIX.

AO LADO Ghesquière, como Jacobs antes dele, frequentemente remete à década de 1980, mas muitas vezes com uma inclinação futurista. Para a temporada outono/inverno 2020, um tecido dourado metálico enfeita a saia bufante de um vestido sem mangas, cujo corpete traz uma estampa geométrica com uma atmosfera espacial.

ABAIXO E AO LADO
A Louis Vuitton representa o auge das marcas de luxo, e os designs de Ghesquière refletem isso. O trabalho artesanal obsessivo com seus tecidos bordados e estampados é evidente nestes dois looks de primavera/verão 2020.

Em 2016, ressurgia a ousadia de Ghesquière presente na Balenciaga. A ficção científica e a imaginação futurista da alfaiataria sempre inspiraram o estilista, e os fãs ficaram encantados ao ver essa influência emergindo na passarela da Louis Vuitton. Mas, mais uma vez, o lado agressivo das jaquetas biker e dos coletes de couro era atenuado por vestidos remetendo ao estilo camponês. Os tecidos pareciam sintéticos, mas, na verdade, de acordo com a estética purista da Louis Vuitton, tratava-se de couro habilmente construído e camadas de tachas metálicas do tamanho de uma cabeça de alfinete. A coleção outono/inverno oferecia algo novo, ainda com um toque de ficção científica correspondente à era digital, mas com estampas tradicionais reimaginadas em vestidos colados. Também surgia um toque de streetwear, com peças fluidas esportivas e coturnos agressivos de cadarço.

À medida que avança seu tempo na Louis Vuitton, Ghesquière explora cada vez mais a herança da marca, sempre conferindo a ela um toque moderno. Para seu desfile de primavera/verão 2017, ele comentou: "Ainda não explorei tanto a sofisticação e a parte mais elegante da Louis Vuitton". Em resposta, ele ofereceu sua marca registrada de alfaiataria requintada, embora com algumas peculiaridades, como painéis recortados e elegantes vestidos de jersey drapeados com cores sólidas e estampas geométricas. O acessório do momento foi uma capa de celular Petite Malle, que tornou o uso da bolsa, símbolo de status, quase obsoleto.

A experimentação de Ghesquière com tecidos alcançou novos patamares em seu desfile de prêt-à-porter para a temporada outono/inverno 2017. A habitual abundância de couro estava lá, mas, em contraste com os desfiles anteriores, esse era altamente lapidado – ou destruído e rachado. A pele, elemento básico da grife de luxo, foi usada mais do que em ocasiões anteriores,

inclusive em um impressionante casaco de patchwork. Mas talvez a peça artesanal mais impressionante tenha sido a criação de um jeans que, na verdade, era lã, tratada para criar o efeito de denim azul desbotado.

O briefing que Ghesquière recebeu quando entrou para a Louis Vuitton era trabalhar sobre a herança da marca, impulsionando-a firmemente no presente e no futuro, algo que ele realiza de modo admirável até hoje. Sua coleção primavera/verão 2018 tomou elementos das cortesãs francesas pré-revolucionárias, com sobrecasacas brocadas e vestidos no estilo Maria Antonieta, combinando-os, no entanto, com shorts de corrida de cetim ou tênis LV. Na temporada outono/inverno 2018, Ghesquière olhava novamente para o espaço, mas com um pé firme no chão entre

ABAIXO E AO LADO Ghesquière é particularmente talentoso no design de acessórios, o que se reflete na grande variedade de bolsas cobiçadas, muitas vezes fazendo referência à herança dos padrões Monogram e Damier, que a Louis Vuitton tem produzido desde que ele entrou para a empresa.

a burguesia parisiense. Jaquetas curtas ajustadas e saias com apliques de brocado metálico dourado, tendo como acessórios bolsas clutch envelope, revelavam um apelo muito real para a elite social, incluindo a esposa do então presidente Emmanuel Macron, Brigitte, que tinha a fama de ser fã da grife.

Nos últimos três anos, Ghesquière, que renovou seu contrato com a Louis Vuitton em 2018, continuou a brincar com uma combinação de herança, influências retrô e visões inteiramente futuristas. A década de 1980 tem sido um tema recorrente, com jaquetas de ombros largos e de alfaiataria acentuada combinadas com referências ao homem espacial. A volta ao passado também continua a inspirar o estilista, pois ele visita tanto o século XIX quanto a Paris da Belle Époque, com jaquetas estilo peplum com cintura marcada e ombros e mangas bufantes. E, como sempre, há um toque moderno, muitas vezes na forma de tênis com o logotipo da marca ou calças largas e esportivas para compensar os elementos esculturais. Mais recentemente, o vestuário streetwear, na forma de parkas oversized, foi adicionado ao mix. Fiel a seus empregadores, Ghesquière faz questão de incorporar a história da Louis Vuitton em suas coleções, muitas vezes das formas mais engenhosas. Para sua coleção primavera/verão 2020, ele incluiu uma bolsa tote Monogram com fitas VHS dos anos 1980, com os nomes dos filmes alterados, de modo que, em vez de *Thelma e Louise*, havia *Gaston e Louis*, fazendo referência a Gaston-Louis, o lendário chefe da empresa.

Ele segue experimentando com diferentes tecidos, como borracha moldada e malha bordada com paetês.

HERANÇA REVIVIDA 123

AO LADO O desfile de primavera/verão 2021 de Ghesquière incluía uma provocação política, com uma camiseta com a palavra "Vote", destinada a seus fãs dos Estados Unidos.

Os desfiles também fazem referência a marcos culturais passados e atuais, como o programa de TV *Stranger Things*, e imaginam o que poderíamos vestir em uma vida de realidade virtual. Seu desfile de primavera/verão 2021, transmitido virtualmente enquanto o mundo enfrentava uma pandemia viral, incluiu até mesmo uma provocação política, com uma camiseta com a palavra "Vote", destinada a seus fãs dos Estados Unidos. Como outros designers contemporâneos de alto nível, principalmente Alessandro Michele, da Gucci, Ghesquière também começou a brincar com roupas de gênero neutro, explicando:

"Minha questão nesta temporada foi menos sobre um tema; foi sobre essa zona entre a feminilidade e a masculinidade. Essa zona é destacada por pessoas não binárias, pessoas que têm muita liberdade para se vestir como querem e, por sua vez, dão muita liberdade a todos nós".

Ironicamente, apesar de sua fixação pelo espaço e pelo futuro, Ghesquière diz que sua filosofia é recriar um mundo de vestuário antes que a mídia social dite nossas escolhas, com o argumento de que o Instagram efetivamente homogeneizou o estilo. Por certo, não há homogeneidade no mundo de Ghesquière; seus designs para a Louis Vuitton continuam a ser verdadeiramente originais, assim como ele mesmo.

VIRGIL ABLOH

Em março de 2018, a Louis Vuitton nomeou o estilista e DJ Virgil Abloh como diretor artístico de moda masculina. O norte-americano, nascido em 1980 como filho de pais ganeses, cresceu nos arredores de Chicago, estudou engenharia civil e arquitetura, antes de se concentrar em sua carreira na moda. Em 2009, ele se tornou diretor criativo de Kanye West (com quem havia estagiado na grife Fendi), supervisionando os desfiles e o merchandising do rapper. Em 2012, Abloh criou sua primeira marca de moda, a Pyrex Vision, mas foi o lançamento da marca de streetwear de luxo Off-White, um ano depois, que chamou a atenção do mundo da moda para sua existência. A Off-White se tornou uma marca muito procurada, usada por celebridades como Jay-Z, Rihanna e Beyoncé. Em 2015, a marca foi finalista do Prêmio LVMH. Os designs de Abloh incluíram colaborações com a Nike, a Levi's e a Warby Parker, oferecendo um toque de street cool que instantaneamente aumentou o desejo pelas grifes envolvidas.

Era inevitável que uma grande grife de moda contratasse o estilista, e a combinação com a Louis Vuitton parecia particularmente perfeita. Como o presidente da Louis Vuitton, Michael Burke, reconheceu em uma entrevista ao *The Times*, Abloh tinha um talento único para "criar pontes entre o clássico e o Zeitgeist do momento".

Em entrevista para o *New York Times* logo depois da divulgação de sua nomeação, Abloh admitiu estar "eufórico". Ele prosseguiu:

AO LADO O estilista e DJ Virgil Abloh, participando do CFDA Fashion Awards 2019, foi nomeado em março de 2018 como diretor artístico de moda masculina da Louis Vuitton.

"Esta oportunidade de pensar no que significará o próximo capítulo do design e do luxo em uma marca que representa o auge do luxo sempre foi um objetivo em meus sonhos mais loucos. E mostrar a uma geração mais jovem que não existe uma aparência única que alguém nesse tipo de posição deve ostentar é um espírito fantasticamente moderno com o qual começar".

ABAIXO E AO LADO
A estreia de Abloh na passarela para a temporada primavera/verão 2019 começou com roupas totalmente brancas que faziam referência à sua própria marca Off-White, mas logo se transformou em cores fluorescentes com muitos acessórios inspirados na cultura contemporânea.

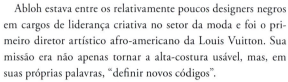

Abloh estava entre os relativamente poucos designers negros em cargos de liderança criativa no setor da moda e foi o primeiro diretor artístico afro-americano da Louis Vuitton. Sua missão era não apenas tornar a alta-costura usável, mas, em suas próprias palavras, "definir novos códigos".

Abloh explicou: "Minha musa sempre foi o que as pessoas realmente vestem, e estou muito empolgado para criar uma versão de luxo disso".

Seu antecessor, Kim Jones, que era diretor de moda masculina da marca desde 2011, já havia começado a misturar a Louis Vuitton com o street style. Jones havia colaborado com marcas para injetar um novo movimento na grife de luxo, mais notavelmente com a marca de skate Supreme em 2017. E, na época de sua saída – uma decisão mútua e amigável com a Louis Vuitton –, Jones havia conseguido tornar as roupas e os acessórios proibitivamente caros não apenas aspiracionais, mas também atraentes para um público jovem e envolvido com o Instagram.

A estreia de Abloh na Louis Vuitton, com o desfile de moda masculina de primavera/verão 2019, foi intitulada "We Are The World", um sentimento brilhantemente inclusivo, que trazia à tona não apenas a herança de viagem da Louis Vuitton, mas também o single beneficente de Michael Jackson e Lionel Richie de 1985, em apoio ao alívio da fome na Etiópia. Os looks de abertura do estilista, uma variedade de jaquetas brancas sob medida, calças plissadas e tops semitransparentes com o logotipo LV, sutilmente remetiam ao sucesso de sua própria marca, a Off-White. Os acessórios, uma bolsa branca de pele de crocodilo e tênis, completavam o tema monocromático. Mas logo a passarela se enchia de cores: muitas cores fluorescentes e um inconfundível toque casual.

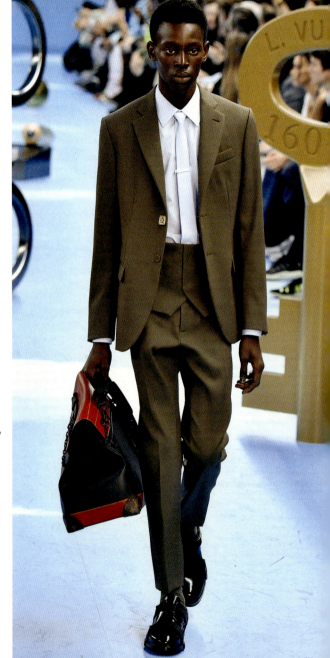

À DIREITA Para a temporada outono/inverno 2020, Abloh explicou seu desejo de analisar os códigos de vestimenta masculinos, desconstruindo e reconstruindo o terno executivo, oferecendo looks tradicionais e cores ousadas.

Abloh continuou a transformar as coisas na Louis Vuitton até seu falecimento por causa de um câncer, em novembro de 2021, com apenas 41 anos de idade. Trazer uma atmosfera de streetwear para as coleções não foi inventivo o suficiente para o estilista, que, em seu desfile de outono/inverno 2019, mudou o foco para a escolha de tecidos, alfaiataria e ornamentos. O híbrido da cultura pop e do luxo sofisticado – como a menção a Michael Jackson como inspiração – resultou em uma coleção de roupas altamente cobiçadas, com texturas atraentes e toques coloridos. Seu desfile de primavera/verão 2020, embora em uma tonalidade completamente diferente – cheio de tons pastel claros e motivos florais –, continuou a reunir todos os tipos de moda em um todo universal. Como a jornalista Sarah Mower observou em suas anotações do desfile na *Vogue*:

"Abloh é o ponto de equilíbrio dessas ondas de mudança na moda, criando um terreno comum entre a estética das culturas do streetwear e o domínio exclusivo do luxo".

ABAIXO Para a temporada outono/inverno 2019, Abloh homenageou não apenas a herança de viagem da Louis Vuitton, mas também seu próprio legado, com roupas que incluíam bandeiras africanas e as estrelas e listras americanas.

HERANÇA REVIVIDA 131

Para a temporada outono/inverno 2020, Abloh questionou os códigos de vestimenta masculina, citando a observação de pessoas que se deslocam para o trabalho e a forma como ele poderia desconstruir e reconstruir o típico terno executivo. Quem poderia prever que a temporada primavera/verão 2021 seria transmitida ao vivo da China em meio ao lockdown da pandemia e à angústia social em todo o mundo, incluindo o assassinato de George Floyd? Em resposta a esses eventos, Abloh apresentou uma coleção profundamente pessoal, em parte lúdica e infantil, ao examinar seu papel como um pai negro, e em parte investida nas questões ecológicas, questionando a emissão de carbono no mundo da moda ao produzir algumas de suas peças com sobras de tecido. O padrão Damier reapareceu, enquanto Abloh chamava a atenção do público para o futuro, mas com um olho no passado.

AO LADO Remodelar o clássico padrão Monogram a fim de produzir acessórios de uso casual pequenos tem sido extremamente lucrativo para a Louis Vuitton.

ABAIXO Como Ghesquière, Abloh experimentou com tecidos, dessa vez utilizando os de alta tecnologia de luxo em vez dos tradicionais couros e peles.

Em um ensaio que acompanhava o desfile, Abloh explicou que a quarentena lhe deu "tempo para questionar o status quo da moda. Fiquei muito mais atento ao relacionamento do homem com a Terra. Decidi que há muita coisa posicionada no 'novo' na moda. Estou dizendo ao meu consumidor que o valor não se deteriora com o tempo". Um sentimento digno, que o próprio Louis Vuitton poderia ter expressado.

Após o choque da morte de Abloh, em meio a muita especulação, a Louis Vuitton nomeou o músico Pharrell Williams em fevereiro de 2023. Com uma estética de streetstyle semelhante à de Abloh, Williams, que já havia colaborado duas vezes com a grife, é um sucessor digno. Ele continua a insuflar na Louis Vuitton a ousadia e o modernismo que disseminaram seu apelo por todos os grupos demográficos.

HERANÇA REVIVIDA 133

AS BOLSAS MAIS ICÔNICAS DO MUNDO

As bolsas Louis Vuitton estão entre as mais reconhecidas no mundo. Até hoje, a empresa usa seus designs originais: o canvas Damier de 1889 e o canvas Monogram, um padrão criado por Georges Vuitton em 1896 que combina o LV da Louis Vuitton, um diamante com uma flor de quatro pétalas no centro, uma flor em cor sólida e um círculo contendo uma flor com quatro pétalas arredondadas.

Originalmente, os canvas Damier e Monogram cobriam baús rígidos de tamanhos variados, projetados para conter de tudo, desde guarda-roupas de viagem a produtos de higiene pessoal e conjuntos para piqueniques – até mesmo uma cama portátil oculta em um baú grande. A única opção com laterais maleáveis era a bolsa Steamer de 1901, uma bolsa dobrável projetada para caber no compartimento do guarda-roupas. Em 1930, no entanto, as demandas dos clientes estavam mudando, e foi criada a primeira das bolsas leves e macias características da Louis Vuitton: a Keepall. Inicialmente feita de algodão com o monograma e acabamentos de couro, ela foi um sucesso instantâneo entre o público ligado à moda da Côte d'Azur.

AO LADO A bolsa estruturada Alma, nomeada em homenagem à Ponte Alma em Paris, foi criada em 1934.

PEÇAS EXCLUSIVAS 137

À DIREITA Um dos primeiros exemplos de baú da Louis Vuitton no icônico canvas Damier, criado em 1889.

ABAIXO Esta maleta Monogram da Louis Vuitton de 1969 pertenceu à socialite americana Wallis Simpson, mais tarde Duquesa de Windsor, quando se tornou esposa do rei Edward VIII.

138 PEÇAS EXCLUSIVAS

Em 1932, a Louis Vuitton lançou a Speedy, uma versão menor e mais compacta da Keepall para uso diário e, na década de 1950, a empresa começou a usar PVC para reforçar o algodão com monograma e o linho revestido. As novas bolsas eram flexíveis e resistentes, não amassavam nem rachavam e eram muito mais duráveis. As celebridades adoraram as bolsas práticas e elegantes e uma foto de Audrey Hepburn usando uma Speedy nos anos 1960 provocou um aumento nas vendas. Até hoje, a Speedy reaparece a cada temporada em muitas versões diferentes. Em 2011, ela foi relançada com uma alça de ombro como parte da coleção Speedy Bandoulière.

Em 1932, logo após o lançamento da Speedy, Gaston-Louis Vuitton recebeu uma encomenda de um produtor de champanhe para criar uma bolsa que pudesse levar cinco garrafas, e o resultado foi a bolsa Noé, a primeira bucket bag do mundo. Hoje, a bolsa com cordão é mais usada para carregar telefones celulares e garrafas de água ecológicas do que champanhe, mas continua sendo um clássico da Louis Vuitton.

ABAIXO A bucket bag Noé foi originalmente projetada em 1932 para carregar garrafas de champanhe e se tornou outro estilo clássico da Louis Vuitton.

PEÇAS EXCLUSIVAS 139

À ESQUERDA A primeira bolsa de lateral maleável da Louis Vuitton, projetada em 1901 para viagens de transatlântico, foi batizada como The Steamer. Aqui, uma versão totalmente moderna é apresentada na passarela para a temporada outono/inverno 2019.

O ano de 1934 viu o surgimento de outro ícone que já foi reinventado inúmeras vezes desde então, a bolsa estruturada Alma (embora não tenha recebido esse nome até 1955 – seu nome original era Squire). Batizada com o nome da Ponte Alma, que conecta dois bairros de Paris, ela tem uma base de couro reforçada com tachas protetoras e alças de couro enrolado, além de uma alça de ombro para maior versatilidade.

Durante a década de 1950, as bolsas Louis Vuitton se tornaram um item básico para celebridades ricas e para a elite social.

Em 1958, a empresa lançou a Lockit, nomeada assim por causa do patch de couro com cadeado na lateral da bolsa. Já famosa pelos fechos invioláveis de seus baús, a empresa previu que essa segurança adicional em uma bolsa teria bastante popularidade.

Em 1985, a Louis Vuitton lançou o couro Epi texturizado característico da marca, seu primeiro design liso, que apareceu em muitas variações de estilos e cores, tornando-se rapidamente um ícone da grife. Um dos designs duradouros da década de 1980 foi a Pochette Trapèze de 1988, uma clutch em couro Epi com o formato de trapézio invertido, que o atual diretor artístico Nicolas Ghesquière reinventou para sua coleção primavera/verão 2019. A bolsa Trapèze também inspirou a bolsa Twist Lock, criação de Ghesquière de 2015.

Com a nomeação de Marc Jacobs em 1997 para lançar uma coleção prêt-à-porter, as bolsas da marca se tornaram de alta moda, com alguns dos itens mais impressionantes provenientes de colaborações com artistas contemporâneos.

ABAIXO A bolsa Lockit, lançada em 1958, recebeu esse nome por causa do patch de couro com um cadeado em sua lateral. Originalmente aparecendo em Monogram e Damier, ela se tornou um clássico elegante em uma variedade de couros e cores.

PEÇAS EXCLUSIVAS 141

A versão do Monogram inspirada no kawaii de Takashi Murakami, os designs cobertos de grafite de Stephen Sprouse e a coleção Jokes em serigrafia de Richard Prince voaram das prateleiras e levaram as bolsas Louis Vuitton a uma nova geração.

Jacobs também lançou algumas bolsas ousadas que ele próprio inventou, incluindo uma versão em couro da onipresente laundry bag xadrez, com o logotipo LV, que agraciou as passarelas na temporada primavera/verão 2007. No mesmo ano, a Louis Vuitton lançou sua bolsa mais popular do século XXI, a Neverfull. A espaçosa tote bag, com acabamento em couro e carteira anexa, vem em três tamanhos e com opções em Damier, Monogram ou couro Epi texturizado, além de vários estilos lançados em edições limitadas.

Apesar de suas atraentes bolsas de edição limitada, o principal pilar da Louis Vuitton é a clássica bolsa Monogram, que a grife lança regularmente em estilos novos e tradicionais. A agora descontinuada Looping, uma bolsa de ombro Monogram com uma única alça em forma de laço, chegou em 2002. O mesmo

À DIREITA A bolsa Neverfull, mostrada aqui em Damier claro, foi projetada por Marc Jacobs em 2007 e é a mais recente de uma linha de bolsas Louis Vuitton elegantes e práticas.

aconteceu com a renovada série Pochette, que varia de uma pequena bolsa de couro com alça de corrente a uma bolsa estruturada de 2012, a Pochette Metis.

Um dos clássicos contemporâneos mais populares da Louis Vuitton é a bolsa Capucines de 2013, que leva o nome da primeira loja que a Louis Vuitton abriu na rua Capucines em 1854. A bolsa elegante e estruturada, disponível em uma ampla variedade de acabamentos, tem uma bela alça transversal para o corpo e traz o logotipo LV. Dando continuidade à tradição de colaboração com artistas, em 2019, a Louis Vuitton lançou a coleção Artycapucines, em que essa bolsa foi reinterpretada por seis artistas contemporâneos: Beatriz Milhazes, Liu Wei, Henry Taylor, Jean-Michel Othoniel, Josh Smith e Zhao Zhao.

Enquanto Nicolas Ghesquière era considerado para diretor criativo, ele criou uma bolsa em miniatura como versão do icônico baú da Louis Vuitton, que logo entrou na coleção da nova temporada como Petite Malle, agora um item básico da marca.

ABAIXO As bolsas em miniatura criadas por Nicolas Ghesquière incluem a bolsa-baú Petite Malle de 2013 e a Petite Boite Chapeau de 2018, baseada em uma caixa de chapéus da Louis Vuitton.

ABAIXO O Twist Lock, como o próprio nome indica, apresenta um fecho metálico LV.

AO LADO A Keepall foi reinventada numerosas vezes desde seu lançamento, mais recentemente como uma bolsa masculina de streetwear, a Keepall Prism, usada aqui pelo influenciador André Borchers em 2020.

A Petite Boite Chapeau, lançada em 2018, é uma abordagem igualmente inteligente da herança da Louis Vuitton, dessa vez recriando uma caixa de chapéus em miniatura como uma bolsa de ombro circular. Originalmente muito rígida, como uma caixa de chapéus real, a bolsa foi atualizada na versão Boite Chapeau Souple, em um canvas mais flexível que oferece tanto estilo quanto funcionalidade.

Ghesquière trabalhou arduamente para honrar a herança da Louis Vuitton, criando uma forte coleção de bolsas. Um de seus primeiros designs foi a elegante bolsa tote Dora, lançada na passarela da temporada outono/inverno 2014 nos clássicos Monogram e couro de bezerro. Seguindo o tema de bolsas elegantes e usáveis, em 2015, Ghesquière apresentou a bolsa City Steamer, que dá a sensação de uma bolsa Birkin clássica da Hermès, e a discreta bolsa Cluny, no icônico couro Epi com o logotipo LV em relevo.

CLIENTELA DE CELEBRIDADES

ADORADA PELOS RICOS E FAMOSOS

Desde o início, a Louis Vuitton era uma fabricante de malas que atraía a nata da sociedade, a qual ficava feliz em pagar pelo trabalho e pelo design requintado da grife. Durante o Segundo Império de Napoleão III e da imperatriz Eugênia, as socialites francesas e britânicas se reuniam nos recém-criados resorts marítimos e termais na costa francesa, com seus amplos guarda-roupas colocados em malas da Louis Vuitton, até que a Guerra Franco-Prussiana de 1870 forçou Napoleão III ao exílio.

Na virada do século, a Côte D'Azur havia se tornado um destino essencial para um público artístico e boêmio. Mansões extravagantes foram construídas por aqueles que queriam passar os meses frios de inverno em um lugar mais ameno. Regatas de barcos, corridas de cavalos e passeios à beira-mar durante o dia se transformavam em festas e jogos de azar à noite. Grandes recepções, com convidados como Winston Churchill, Pierre-Auguste Renoir e Claude Debussy, conferiam gravidade a uma cena social que de outra forma seria frívola. Em 1908, a Louis Vuitton abriu sua terceira loja na Côte D'Azur, atendendo à aristocracia inglesa, americana e russa, incluindo a família imperial russa, que era cliente fiel da marca, até a tragédia de seu massacre em massa na Revolução Russa de 1917.

AO LADO A cantora e atriz francesa Juliette Gréco com sua bolsa Louis Vuitton em 1970.

CLIENTELA DE CELEBRIDADES 149

Famílias americanas influentes, como os Rockefeller, os Vanderbilt e os Ford, usavam as bagagens da Louis Vuitton em suas frequentes viagens em transatlânticos glamourosos.

Durante a década de 1920, as malas de viagem art déco projetadas por Gaston-Louis Vuitton eram as preferidas do público artístico da moda, incluindo F. Scott Fitzgerald, autor de *O Grande Gatsby*, e sua elegante esposa Zelda, Ernest Hemingway e Pablo Picasso. A romancista americana Edith Wharton tinha especial orgulho de seu conjunto de baús da Louis Vuitton.

A década de 1950 viu um segundo advento do mecenato das celebridades em relação à Louis Vuitton, dessa vez graças à Nouvelle Vague do cinema. Novamente, o sul da França e Saint-Tropez estavam no epicentro, com Brigitte Bardot se tornando o rosto icônico da liberdade e do hedonismo. Os paparazzi se aglomeravam para fotografar a atriz, com frequência usando sua Keepall da Louis Vuitton, junto às outras estrelas da época. Ao longo da década de 1960, as bolsas Louis Vuitton eram adoradas por embaixadoras da moda, como Audrey Hepburn e Jackie Kennedy. Os acessórios apareciam regularmente nos editoriais de revistas como a *Vogue*, exibidos nos braços das primeiras supermodelos do mundo, incluindo Twiggy.

Desde o lançamento, em 1997, das linhas prêt-à-porter e dos acessórios da Louis Vuitton, inicialmente sob a direção criativa de Marc Jacobs, raramente se via uma celebridade influente que não tivesse uma Louis Vuitton. À medida que a visão da empresa evoluía, o mesmo aconteceu com mulheres que passaram a encarnar o ideal da Louis Vuitton, resumido por Paul-Gérard Pasols, autor de *Louis Vuitton: The Birth of Modern Luxury*, como "eternamente feminino... de salto alto e uma bolsa".

AO LADO A herdeira e socialite americana Gloria Vanderbilt e sua tia Gertrude Vanderbilt Whitney sentadas sobre o baú Louis Vuitton delas após retornarem de um cruzeiro no início da década de 1940.

À DIREITA Kate Moss, amiga de longa data e musa de Marc Jacobs. Ela é mostrada aqui saindo do escritório principal da Louis Vuitton em 2011.

AO LADO
A supermodelo Naomi Campbell, na foto, carregando uma bolsa Alma especialmente criada por Azzedine Alaïa para comemorar o centenário do canvas Monogram da Louis Vuitton.

Marc Jacobs tinha uma série de musas que vestia com a Louis Vuitton, incluindo Kate Moss, Sofia Coppola e Winona Ryder. Outras artistas, incluindo Naomi Campbell, Madonna, Jennifer Lopez e Scarlett Johansson, também representaram a marca em fotos publicitárias e editoriais, além de terem sido fotografadas pelos paparazzi usando a grife em seu cotidiano.

Uma campanha de vanguarda para a Louis Vuitton, fotografada em 2007 por Annie Leibovitz, apresentava figuras menos óbvias, como Mikhail Gorbachev, Andre Agassi, Steffi Graf e Catherine Deneuve. Antoine Arnault, diretor de comunicação da empresa na época, descreveu a escolha das celebridades para a campanha, que passou a contar com nomes como Angelina Jolie, Sean Connery e Keith Richards, como "modelos atemporais que são a força e a história da Louis Vuitton".

CLIENTELA DE CELEBRIDADES 153

UM ÍCONE MODERNO

Nos últimos anos, a Louis Vuitton atingiu um público mais jovem e descolado. Atrizes e celebridades que são vistas regularmente usando as bolsas incluem Hailey Bieber, Miley Cyrus, Taylor Swift e toda a família Kardashian-Jenner.

O famoso DJ americano, produtor musical e personalidade da mídia DJ Khaled também é fã da marca, especialmente da colaboração com a Supreme, criada para a temporada outono/inverno 2017 pelo então estilista de roupas masculinas Kim Jones. Kanye West é patrono há bastante tempo, especialmente na época que seu amigo Virgil Abloh foi estilista de roupas masculinas, acrescentando ainda mais prestígio à marca.

AO LADO Billie Eilish é frequentemente vista vestindo Louis Vuitton. Aqui, ela aparece no The Billie Eilish Experience em Los Angeles, em 2019.

Há muito tempo, os rappers fazem alusão a nomes de marcas de luxo. A Louis Vuitton não é exceção. Por exemplo, Nicki Minaj citou a marca em sua faixa "Whip It". Outros rappers que mencionaram a Louis Vuitton incluem Kanye West, 2 Chainz, Jay-Z e Big Sean.

À medida que os criativos da marca diluem as fronteiras entre luxo e estilo urbano, tradição e modernidade, a Louis Vuitton parece destinada a permanecer relevante para as próximas gerações.

À DIREITA Nos últimos anos, a Louis Vuitton continuou a atrair um público mais jovem, endossada por celebridades como Kim e Kourtney Kardashian.

NOTAS

INTRODUÇÃO

1. GREGORY, Alice. The Greats, Nicolas Ghesquière. T Magazine – The New York Times, 18 out. 2019. Disponível em: https://www.nytimes.com/interactive/2019/10/15/t-magazine/nicolas-ghesquiere-louis-vuitton.html. Acesso em: 16 jul. 2024.

ASSUNTO DE FAMÍLIA

1. PASOLS, Paul Gérard. *Louis Vuitton*: The Birth of Modern Luxury. Londres: Abrams, 2012.

EXPANSÃO GLOBAL

1. PASOLS, Paul Gérard. Relaunch and International Growth. *In*: *Louis Vuitton*: The Birth of Modern Luxury. Londres: Abrams, 2012.
2. LARIVIÈRE, Jean. *The Spirit of Travel*. Disponível em: louisvuitton.com.
3. Funding Universe

MARC JACOBS

1. MOWER, Sarah. Interview with Marc Jacobs. *Arena Homme* +. 2001.
2. GOLBIN, Pamela (ed.). Interview with Marc Jacobs. *In*: *Louis Vuitton / Marc Jacobs*. [*S. l.*]: Rizzoli, 2012. p. 153.
3. GOLBIN, Pamela (ed.). Interview with Marc Jacobs. *In*: *Louis Vuitton / Marc Jacobs*. [*S. l.*]: Rizzoli, 2012. p. 153.

HERANÇA REVIVIDA

1. CARTNER-MORLEY, Jess. Nicolas Ghesquière Brings Joy to Louis Vuitton at Paris fashion Week. *The Guardian*, 5 mar. 2014.
2. GREGORY, Alice. The Greats, Nicolas Ghesquière. *T Magazine – The New York Times*, 18 out. 2019.
3. CARTNER-MORLEY, Jess. Nicolas Ghesquière Brings Joy to Louis Vuitton at Paris fashion week. *The Guardian*, 5 mar. 2014.
4. PHELPS, Nicole. Louis Vuitton Spring Summer 2015 Ready-to-Wear. *Vogue*, 1º out. 2014.

ÍNDICE

(Número de páginas em **negrito** se referem a temas principais, incluindo fotografias; *itálicos* se referem a todas as outras fotografias/legendas)

Abloh, Virgil 8, 109, **126-33**, 154
Aéro 36
Agassi, Andre 153
Alaïa, Azzedine 65, *153*
Arnault, Antoine 153
Arnault, Bernard **64-5**, *70*, 73, *93*, *110*, 111-15, *111*
arquitetura **38-9**, 41, **56-9**, 127
art déco 38, *39*, 40, 41, *41*, 103, 150
Asnières 16, *16*, 21, *21*, 25, 38-9, 45-7, 50, 63
atmosfera China Girl *102*, 103
Avedon, Richard 48, 61
avenida Champs-Élysées 38, *39*, 47
avenida Marceau 47
avenida Montaigne *58*, 60

bagagem 7-8, **14-20**, 26
Bailey, David 48, *50*
Balenciaga *89*, 90, 110-11, 120
balões de ar quente 34, 36
Bardot, Brigitte 8, 47, 48, *48*, *49*, 99, 150
baú de zinco 33
baús de avião 34-6, *34, 36*
baús de teto 33
Beyoncé 127
Bieber, Hailey 154
Big Sean 154
Bigaux e Koller *39*, 40
Billie Eilish Experience 155
Blahnik, Manolo 65
bolsa
  Alma *136*, 137, 140, *152, 153*
  Birkin Hermès 144
  Boite Chapeau Souple 144
  Capucines 143
  City Steamer 144
  Cluny 144
  clutch Trapèze 141
  Keepall *6, 7*, 8, 48, 74, 137, 139, *144, 145*, 150
  Lariat 111
  Lockit 141, *141*
  Looping 142-3
  LOVE *90*
  Metis 143
  Motorcycle 111
  Neverfull 142
  Speedy *47*, 99, 117, 139
  Squire 140
  Steamer 137, *140*
  The Steamer 32, *54, 55*
  tote Dora 144
  Twist Lock 141, *144*
bolsas em miniatura **111-12**, 117, 120, **143-4**
bolsas grafitadas *78*, 79, *79*
bolsas Petite **111-12**, 117, 120, **143-4**
Bonaparte, Napoleão 14
Bond Street 26, *26*, *28*, 57, *57*
boné SS Vuitton 80
Borchers, André *144-5*
branding 7, 8, 25, 41, *47, 56*, **60-5**, **70-7**, 81, *87*, **99-104**, **109-22**, **127-31**, 141, 144, 153
bucket bag Noé 139, *139*
Burke, Michael 127

caixa de chapéus LV *143*, 144
Calvin Klein 70, 73
camiseta "Vote" 124, *124*, *125*
Campbell, Naomi *68*, **69**, 74, 94, *94, 95*, *152*, 153, *153*
Canella, Giuseppe *14*
canvas Damier
  primeiro design **28-9**, 137, *138*
  reinvenção 65, 103, *104*, *105*, *118, 119, 123, 124, 133*
canvas Monogram
  primeiro design 7, 137
  reinvenção 83-4, *96, 97, 123, 124*
  se torna uma declaração de moda 8
  sobreposição *93*, 94
Carcelle, Yves 65
Carhart Jr., sra. Amory *44, 45*
carruagem Tilbury *34*
catálogos *26, 27, 29*
celebridade **7-9**, **48-9**, 93, 127, 139, 140, **147-55**
Céline 73
CFDA 70, *127*
Chainz 154
Chevalier, Alain 63-4
Chloé 73
Christian Dior 63
Churchill, Sir Winston 149
cinema Nouvelle Vague 47-8, *47*, 150
Clermont-Tonnerre, Blanche de *34*
Coachella *155*
coleção After Dark 94
coleção Cherry Blossom 83, *83*
coleção Jokes *93*, 94, 142
coleção Speedy Bandoulière 139
coleções
  outono/inverno 2000 8, *9*, *76*, 77
  outono/inverno 2001 **80-1**
  outono/inverno 2003 84
  outono/inverno 2004 *86*, 87
  outono/inverno 2005 *88*, 89
  outono/inverno 2006 89
  outono/inverno 2009 **99-101**
  outono/inverno 2011 103
  outono/inverno 2013 103-4
  outono/inverno 2014 104, *104*, 115, 144
  outono/inverno 2015 118
  outono/inverno 2016 120
  outono/inverno 2017 120-2, 154

ÍNDICE 157

outono/inverno 2018 122
outono/inverno 2019 *8, 9, 118, 119, 131, 140*
outono/inverno 2019/20 131
outono/inverno 2020 *130*, 133
primavera/verão 2000 *75, 77*
primavera/verão 2001 *79*, 80
primavera/verão 2002 *80*, 81
primavera/verão 2003 84, *84, 85*
primavera/verão 2007 90, *90*, 142
primavera/verão 2008 **92-6**
primavera/verão 2009 96, *98*
primavera/verão 2010 96
primavera/verão 2011 *102*, 99
primavera/verão 2012 103
primavera/verão 2013 103, *104, 105*
primavera/verão 2015 118
primavera/verão 2016 *108, 109, 112, 113*
primavera/verão 2017 *114, 115*, 120
primavera/verão 2018 122-3
primavera/verão 2019 128, *128, 129*, 141
primavera/verão 2020 *120, 121*, 124, 131
primavera/verão 2021 124, *124, 125*, 133
conjuntos de piquenique *40, 41*, 137
conjuntos de viagem *40*, 41, *41*
Connery, Sean 153
Coppola, Sofia 153
Côte d'Azur 33, 137, 149
Council of Fashion Designers of America (CFDA) 70
couro Epi 141, 142, 144
covid-19 133
cultura pop 77, **82-5**, 93-4, 124, 131
Cyrus, Miley 154

de Gaulle, Charles 45
Debussy, Claude 149
Deneuve, Catherine *50, 54, 55*, 153
design de interiores **56-60**
Dior 73, 90, 103
DJ Khaled 154
Doc Martens 70
Duffy, Robert 70

editorial de moda 48, *50*, 63, *63*
Edward VII *138*
Eilish, Billie *154, 155*
Ellis, Perry 69-70
Eugênia, imperatriz 14, *15*, 149
Evangelista, Linda 70
exibição de vitrine 38, **56-60**, 61
Exposição Universal 16, *16*, *18-19*, 28, *28*

falsificação 28, 57, 65
família Kardashian-Jenner 154, *154*
famílias dinásticas *138*, 150
fecho Tumbler *7*, 8, 31-2, *31*
Fendi 127
Fitzgerald, F. Scott 150
Fitzgerald, Zelda 150
Floyd, George 133
Ford, Tom 73
fotografia **61-3**, **93-6**, 153
Foujita, Tsuguharu 87
franquia 55-6
Fundação Louis Vuitton para Ópera 60

Galliano, John 73, 99
Gaultier, Jean-Paul 110
Ghesquière, Nicolas 5, 7, 8, 74, **109-25**, *133*, 141, 143-4, *143*, 154
Gigli, Romeo 65
Givenchy 63, 73
Godard, Jean-Luc 48
Gorbachev, Mikhail 153
Graf, Steffi 153
Gréco, Juliette *148, 149*
grunge **70-4**, *80*, 81, 89
Gucci 73, 124
Guinness PLC 64

Hepburn, Audrey 8, *46, 47*, 139, 150
Herzigova, Eva 94, *94, 95*
Heures d'Absence 41
High School of Art and Design 69
Houdini, Harry 8, *31*, 32

Idéale 32
Île de la Cité e o Mercado das Flores em Paris 14
imaginação de ficção científica 74, 82, 85, 115, *115*, 118, 120, 123-4

Instagram 124, 128
Isma'il Pasha, quediva do Egito 20, *20*
"It" bags 111

Jackson, Michael 128, 131
Jacobs, Marc 8, **67-105**, 109, *110*, 115, 111, *118*, 141-2, 150, *153*
Jay-Z 127, 154
Johansson, Scarlett 153
Jolie, Angelina 153
Jones, Kim 128, 154

kawaii **83-5**, 90, *90*
Kempner, Nan *62, 63*
Kennedy, Jackie 150
Klein, Calvin 70, 73
Kors, Michael 73

Lacroix, Christian 96
Lalique, René 41, *41*
Lang, Helmut 65, 73
Larivière, Jean **61-3**
Lauren, Ralph 70
Leibovitz, Annie 153
Les Arts Décoratifs 79, 103
Levi's 127
Lindbergh, Charles 37, *37*
linha Multicolore 83, *84, 85*
Liu Wei 143
Loewe 63, 73
Lopez, Jennifer 153
Louis Vuitton
100º aniversário 47
como LVMH 7, **63-5**, 73, 87, 111
expansão global **52-65**
fundação da 7, *13*, 14
Louis Vuitton/Marc Jacobs 103
Louis Vuitton: The Birth of Modern Luxury (Pasols) 150
Louis Vuitton Cup 60, *60*

Macpherson, Elle 99
Macron, Brigitte 123
Macron, Emmanuel 123
Madonna 153
Maison Louis Vuitton 21, 26, 39, 41
malas de viagem femininas *40*, 41, *41*
Malle Idéale *28*
Mapplethorpe, Robert 61

158 ÍNDICE

Maréchal, M. 13
Maria Antonieta 122
Mary Quant 103, *104, 105*
McCartney, Stella 73
McQueen, Alexander 73
mecanismos de fechadura *7*, 8,
   31-2, *31*, 141
Michele, Alessandro 124
Milhazes, Beatriz 143
Minaj, Nicki 154
Mizrahi, Isaac 65
Moët Hennessy 63-4, *64*
Monogramouflage 85
Morel-Grummer *34*
Moss, Kate 103, 153, *153*
Mower, Sarah 74, 131
Murakami, Takashi **82-7**, 90, 142
Murphy, Carolyn *72*, 73
Musée des Arts Décoratifs 79

Napoleão III 14, 20, 149
nécessaires de toucador 41
New Look 103
Nike 127
Novo Mundo 39-41

Off-White 127, 128, *128*
Onassis, Jackie *6, 7*
Othoniel, Jean-Michel 143
Oxford Street 26

paparazzi 48, 74, 139, 150,
   150-3, 153
Paris Fashion Week 115
Parriaux, Clémence-Émilie
   (esposa) 14
Parsons School of Design 69
Pasols, Paul-Gérard 150
Patrelle, Joséphine (nora) *24*, 25
Penn, Irving 61
perfumes 41, 63
Perry Ellis 69-70
Pétain, Philippe 45
Picasso, Pablo 150
pinturas Nurse **93-5**, 94
Prêmio LVMH 127
prêmios de moda 69-70, 127
Prince, Richard **93-6**, 142
publicidade *16, 17*, **26-9**, *34*,
   61-5, 111, 153
Pucci 89
Puiforcat, Jean 41, *41*

Pyrex Vision 127

Quinta Avenida *56*, 57

Racamier, Henry 55-6, *60*,
   63-5, *64*
Ralph Lauren 70
Rayée 28
Renoir, Auguste 149
Richards, Keith 153
Richie, Lionel 128
Rihanna 127
Rodriguez, Narciso 73
rua Capucines 14, 143
rua Scribe 21, 25, 38
Ruinart Père et Fils 63
Ryder, Winona 153

Sachs, Gunther *48, 49*
Saint-Tropez 48, 150
Sander, Jil 73
Schiffer, Claudia *74, 75*
série Pochette 141, 143
Simpson, Wallis *138*
Sketchbook for Reuben
   Thomas 70
Smith, Jaden *8, 9*
Smith, Josh 143
Smith, Willow *8, 9*
sobrecasacas *116-17*, 123
Spirit of St. Louis *37*
Sprouse, Stephen **77-9**, 142
Strand 26, *28*
Supreme 128, 154
Swift, Taylor 154
Sybilla 65

talheres *40*, 41, *41*
Tate Modern 109
Taylor, Henry 143
"The Spirit of Travel"
   ["O Espírito de Viagem"]
   61, *61*
Thimble Awards 69-70
Thimister, Josephus 110
Thomas, Reuben 70
Trianon 15, 28
Twiggy *50, 51*, 150

Versace 89
Versillé, Renée (nora) 38
Veuve Clicquot 63

viagem aérea **34-7**, 41, *44, 45*
viagem de automóvel 33, *34*
viagem marítima *30, 31*, 32, *32,
   33*, 41, *55, 140*, 150
viagem transatlântica, *ver* viagem
   aérea; viagem marítima
Vogue *7, 44, 45*, 48 *45, 50, 63*,
   131, 150
Vuitton et Fils 38, 40
Vuitton, Claude-Louis (bisneto)
   45, 47, 55
Vuitton, Clémence-Émilie
   (esposa) 14
Vuitton, Gaston-Louis (neto) *24*,
   25, *25*, 37, *37*, **38-41**, 45-7,
   55, *56*, 57, 61, 124, 139, 150
Vuitton, Georges (filho) 7, *24*,
   25-37, *25*, 38, 39, 137
   palestra de 1920 41
Vuitton, Henry-Louis (bisneto)
   20, *21*, 45-7, 55
Vuitton, Jacques-Louis (bisneto)
   45, 47, 55
Vuitton, Jean (neto) *24*, 25, *34*
   morte de 36-7, 38
Vuitton, Joséphine (nora) *24, 25*
Vuitton, Louis *12*, 55
   morte de 28
   nascimento de 13
   primeira oficina 7, *13*, 14
Vuitton, Odile (bisneta) 55
Vuitton, Pierre (neto) *24, 25,
   34*, 36
   morte de 36, 38
Vuitton, Renée (nora) 38

Wallis, Duquesa de Windsor *138*
Warby Parker 127
Warhol, Andy 77
"We Are The World" 128
Weinberg, Chester 69
West, Kanye 127, 154
Westwood, Vivienne 65, *86*, 87
Wharton, Edith 150
Women's Wear Daily (*WWD*) 70
Worth, Charles 16

Yves Saint Laurent *89*, 90

Zhao Zhao 143

CRÉDITOS

Os editores gostariam de agradecer às seguintes fontes por sua gentil permissão de reproduzir as imagens neste livro.

Akg-images: 14; © Les Arts Décoratifs, Paris/Jean Tholance 17 (topo e abaixo), 28, 40 (topo); Olivier Martel 64; Mondadori Portfolio/Angelo Deligio 148

Alamy: dpa picture alliance archive 60, 111; Delphotos 56; Directphoto Collection 58; Everett Collection 33, 47, 49, 79; Peter Horree 93; Ovidiu Hrubaru 126; The Print Collector 20; Prisma by Dukas Presseagentur GmbH 59; Reuters 89; Reuters/Benoit Tessier 102, 105; United Archives GmbH 48; World History Archive 18-19

Bridgeman Images: Christie's Images 31, 34, 36, 40b; PVDE 21, 29

Getty Images: 44, 62; David M. Benett 152; Bettmann 26; Giancarlo Botti 54; Victor Boyko 128, 131, 133; Gustavo Caballero 154; Stephane Cardinale-Corbis 68, 91, 97, 100, 120; Dominique Charriau 125; Victor Chavez 61; Thomas Coex 75; Corbis Historical 37; Michel Dufour 87; Estrop 119; Ron Galella 6; Francois Guillot 90; Julien M.Hekimian 82; Heritage Images 12, 15; Hulton Archive 24, 27; Michelle Leung 96; Mirrorpix 46, 50; Jean-Francois Monier 139; Antonio de Moraes Barros Filho 113; Jean-Pierre Muller 80, 86; Thierry Orban 81; Marc Piasecki 153; Pool Bassignac/Benainous 84; Karl Prouse/Catwalking 101; /Rindoff/Dufour 104; Bertrand Rindoff Petroff 110; Eric Robert 71; Lorenzo Santini 95 (esquerda); Joe Scarnici 155; Science and Society Picture Library 35; Pascal Le Segretain 9, 108, 123; Streetstyleshooters 145; Bob Thomas/Popperfoto 32; Pierre Vauthey 72; Pierre Verdy 76, 78, 88, 92, 94, 95 (direita), 98, 99; Victor Virgile 122, 129; Peter White 114, 116-117, 121, 130, 132, 140

Kerry Taylor Auctions: 83, 136, 138 (topo), 138 (abaixo)

Shutterstock: Willy Barton 57; DKSStyle 142; Papin Lab 141, 143, 144; Kiev.Victor 39

Topfoto: 30; Roger-Viollet 16

Todos os esforços foram empregados para reconhecer corretamente e contatar a fonte e/ou o detentor dos direitos autorais de cada imagem, e a Welbeck Publishing pede desculpas por quaisquer equívocos, que serão corrigidos em edições futuras deste livro.